股价暴涨密码

（第二版）

温鹏春 著

图书在版编目（CIP）数据

股价暴涨密码/温鹏春著．—2版．—北京：地震出版社，2022.2
ISBN 978-7-5028-5357-0

Ⅰ.①股… Ⅱ.①温… Ⅲ.①股票交易-基本知识
Ⅳ.①F830.91

中国版本图书馆 CIP 数据核字（2021）第 211138 号

地震版　XM5031/F（6154）

股价暴涨密码（第二版）

温鹏春　著
责任编辑：范静泊
责任校对：凌　樱

出版发行：**地震出版社**

北京市海淀区民族大学南路9号　　　　　邮编：100081
发行部：68423031　68467991　　　　　传真：68467991
总编办：68462709　68423029
证券图书事业部：68426052
http://seismologicalpress.com
E-mail: zqbj68426052@163.com

经销：全国各地新华书店
印刷：北京广达印刷有限公司

版（印）次：2022年2月第二版　2022年2月第三次印刷
开本：710×1000　1/16
字数：196千字
印张：12
书号：ISBN 978-7-5028-5357-0
定价：48.00元

版权所有　翻印必究

（图书出现印装问题，本社负责调换）

再 版 序

岁月如梭，转眼《股价暴涨密码》初版问世已经快七年了。七年来的中国股市跌宕起伏，在涨与跌的轮回中一次次诠释了市场不变的法则——市场永远不变的就是变化，但历史总是会重演，而且有时会惊人地相似。正如我在《股价暴涨密码》一书中开创性地提到的，双线战略在多年的实战中始终发挥着巨大的威力，无论对指数的监测还是对数只个股主要趋势的价格运动，都给出了战略性的指引。

大量读者来信、来电反馈，《股价暴涨密码》带给他们的不仅是投资战略上的重塑，更是投资收益上的突飞猛进，这让我倍感欣慰。有一位广东读者来电时激动地说，他在家里看过的股票类书籍超过二三百本，但直到读完《股价暴涨密码》一书后，才让他彻底对市场全局有了战略性的把控，也彻底改变了他的投资理念和投资技术，同时也获得了令他满意的投资收益。他还说，如果早看到《股价暴涨密码》一书的话，他就不用再看那么多书了。从他的来电中我可以理解并体会到他研究股市的艰辛与付出、迷茫与徘徊，而《股价暴涨密码》一书所带给他的兴奋和改变也正是我所期待的。还有的读者来电说他将《股价暴涨密码》一书反复阅读了十多遍，并做了详细的批注。太多的反馈在这里我就不一一列举了。

授人以鱼不如授人以渔。不论市场如何变幻，读者都可以用《股价暴涨密码》中介绍的方法捕获超级大黑马，不论过去、现在，还是将来。下面我们一起来看几个暴涨股的特点。

2018年12月，东方通信股价有效穿越双线后成为市场超级大黑马。

利用《股份暴涨密码》一书中提到的重要战法，可以捕捉此轮暴涨。读者朋友可以对照书中所讲战法进行复盘。

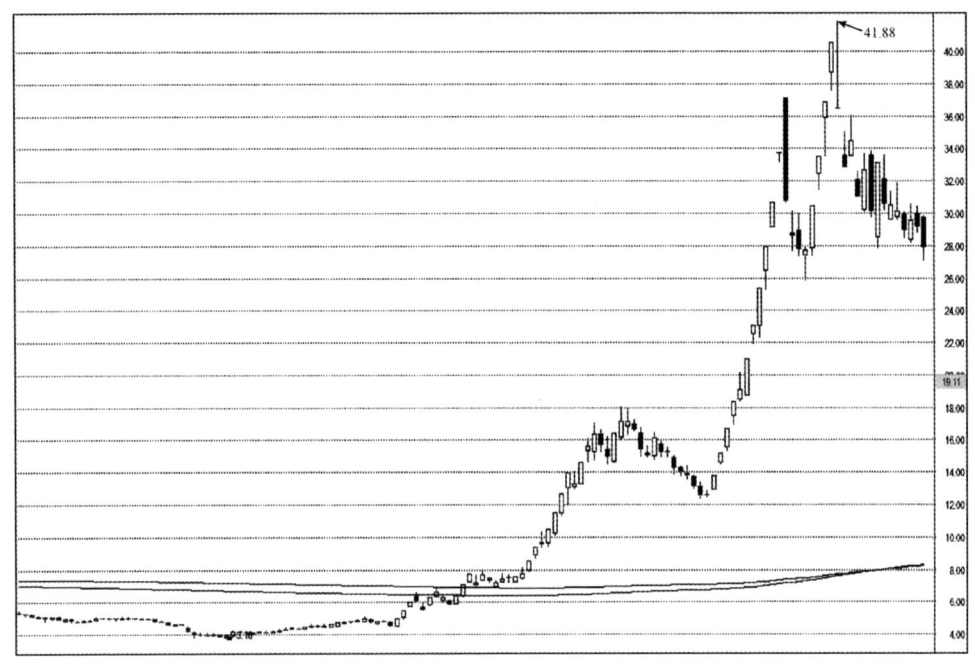

东方通信（600776）案例图

再比如"星期六"，在2019年10月后股价穿越双线后震荡整固展开的暴涨行情也可以用《股价暴涨密码》一书提到的重要战法捕捉到。

2020年5月以来连续爆发性上涨的王府井，股价穿越双线后一路上行，在不到两个月时间里上涨超过400%，尽管该股的行情有免税题材的影响，但其主升浪依然在《股价暴涨密码》双线的监控之下。即便投资者对该股基本面和影响股价运动的深层力量知之甚少，依据双线战法依然可以如鱼得水、如虎添翼。

进入2021年，类似案例依然层出不穷。如江特电机，股价有效突破双线后目前涨幅超过7倍，其爆发威力有目共睹。

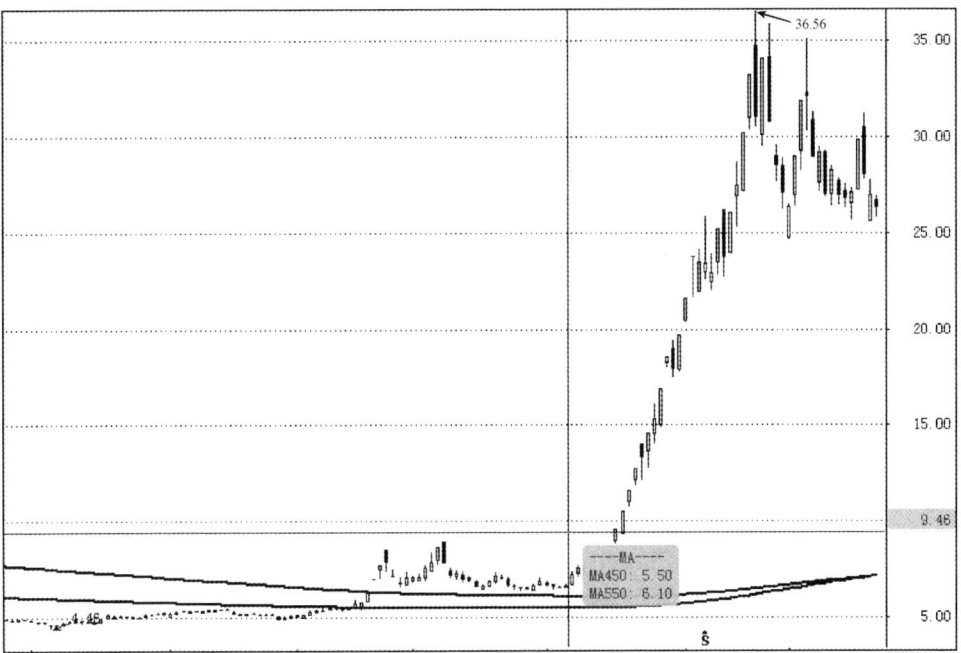

星期六（002291）案例图

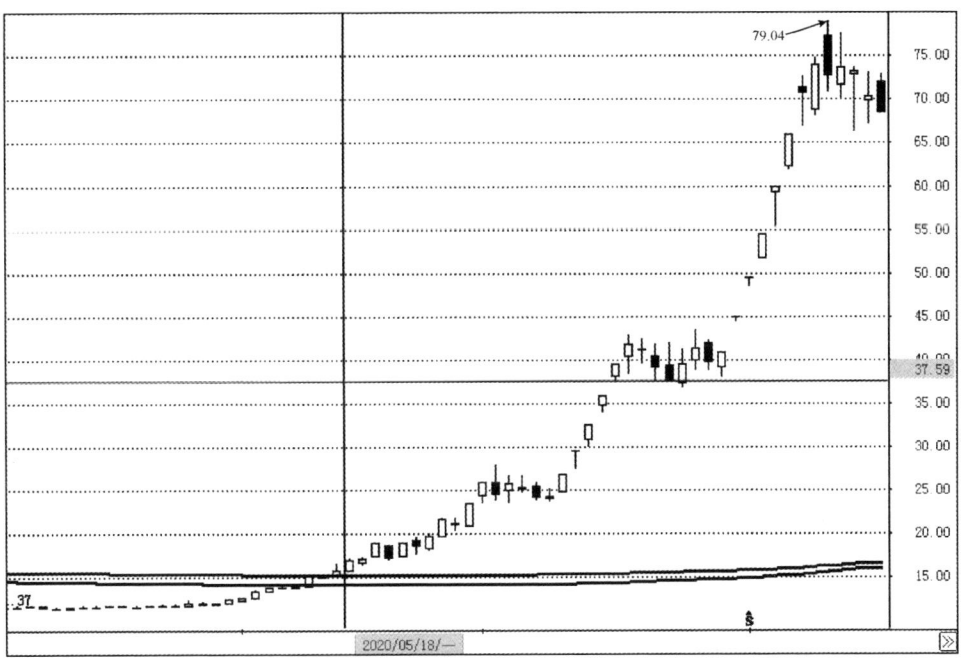

王府井（600859）案例图

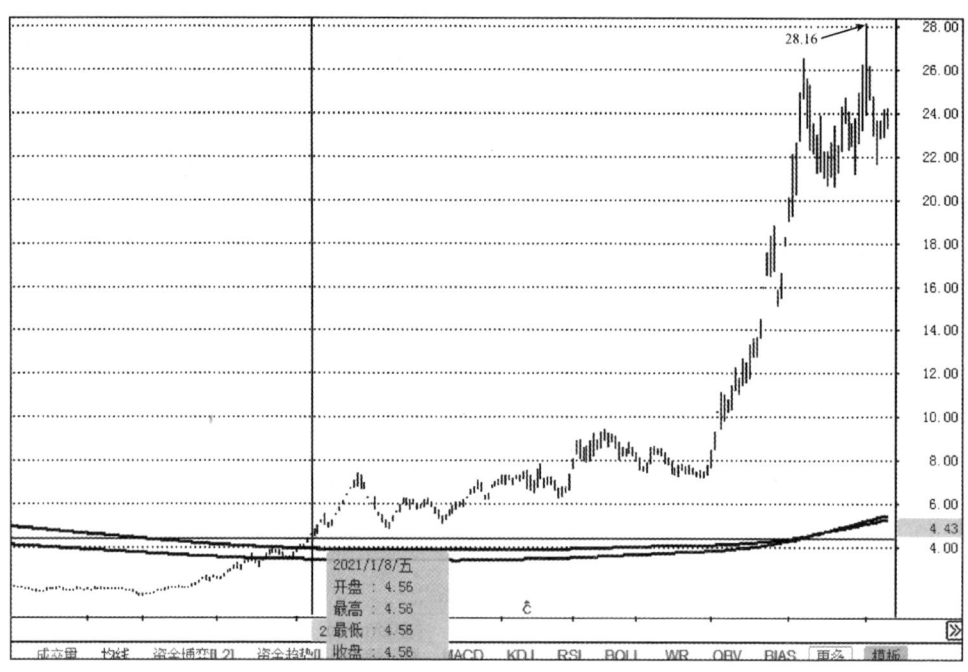

江特电机（002176）案例图

面对复杂多变、波云诡谲的资本市场，究竟使用什么样的方法才能从战略的高度把握和认识投资？今天我依然坚定地告诉大家，《股价暴涨密码》一书中所提到的思想和方法是有价值的。正所谓"大道其中，悟者天成"。

最后，非常感谢购买《股价暴涨密码》一书的读者朋友。尽管市场的运动是复杂多变的，但市场参与者的本性从未改变，因此市场背后的运行规律必然是有章可循的。所以，我认为精于技术分析会让你的投资更加富有效率。希望大家始终不忘以宏观战略作为指导方针，以微观战术掌控进退，以风险管控为基石，做好自己的股票投资。

祝读者朋友投资顺利。

温鹏春

2021年9月于北京

前 言
——揭开股价暴涨的密码

笔者研究了市场中数以万计的交易数据后，提出了由450日均线和550日均线构成的独特的450-550操盘线，在书中不同的案例中亦称双轨暴涨操盘线、双轨交易系统或超级黑马运行密码线。它威力巨大，各位投资者读完本书后必将认可和尊敬它。作者通过对近20年的价格图形对照分析，以及对国外成熟市场的长期对照研究后，发现450-550操盘线始终以其强大的力量隐形地指引着市场的发展，却不为人所知；在对股市中大量牛股的主升段进行统计后同样得出了这样的结论，几乎任何大牛股的起涨段都来源于价格对450-550操盘线的囤积和穿越。它不仅仅是两条线，通过对机构建仓行为资金的严密跟踪和量化分析，我们惊奇地发现该线对指引和透视超级主力机构的建仓行为精准无比，在研究超级黑马的建仓行为以及大额资金的趋势性变动监测上，与依靠上证所高端数据"赢富数据"的结论如出一辙（该数据现在已经不再对外销售）。它不仅仅是我们称谓的双轨，必将成为茫茫股海中指引投资者的一道金光，为投资者指明未来的价格运动方向，为投资者实现短期大赚提供有力的工具。

450-550操盘线是《股价暴涨密码》一书的核心内容，它开创性地将技术分析理论延伸到长期趋势中，让投资者在很大程度上规避短期波动风险，参与非情绪化的交易，只捕捉每一个大级别的主升浪。作为450-550操盘线的开创者，作者以实战为前提，在中国的股票市场第一次将如此大级别的系统引入实战，帮助投资者辨明股价运动的主要趋势。也许大多数投资者都不明白，一个超级趋势运动的背后必然存在有组织、有计划、有预谋地对目标个股的交易行为，其中的操纵所形成的有规律性的价格动力惯性，是超级趋势或者说超级黑马形成的基础性条件，这也是行为金融学深度研究的内容。在行为金融学日益受到世界范围内投资者青睐的今天，我们更多地期望将这种行为的研究成果运用到波涛汹涌的资本市场中，以最为严谨的实战性为前提，抛弃烦琐，用450-550操盘线以最为干练、简洁、直观的表现形式奉献给投资者，从而最大限度地达到为投资者创造丰厚投资收益的目的。

将所谓的至高操盘境界融为己有，为我所用，并非易事。这必然需要投资者在心态、技术上进行全方位的操盘历练，达到心如山之不动，性如水之无常，其疾如风，其徐如林，不动如山，侵略如火，进退自如，这些说起来炉火纯青的操盘境界，绝非一时之功，但《股价暴涨密码》一书会助投资者一臂之力。通过对本书的学习，投资者能够达到在动荡的金融市场中发现超级趋势和超级黑马，或动于阴末，或止于阳极，亦攻亦守，达到投资收益暴增的效果。

作者多年在股票与期货市场作战中屡创佳绩，完全得益于其独创的450-550操盘线支持。450-550操盘线是作者经过多年的钻研和积累，在透彻研究市场行为学，透彻掌握市场博弈格局的综合基础上建立起来的，在其技术体系的背后有着独特而强大的市场行为学和逻辑学支撑，所以投资者在阅读中更多地需要深刻领会市场行为模式背后的内涵。

希望投资者通过对本书的学习，能够从战略的高度把握和认识投资，在战术上不再迷茫彷徨，不管市场如何动荡，都能够胸有成竹，在未来的投资道路上一路凯歌高奏。

温鹏春

2014年2月于北京

目 录

第一章 认识450-550股价暴涨操盘线 …………………… (1)

第1节 450-550操盘线的由来 ………………………… (2)

第2节 450-550操盘线的建立 ………………………… (5)

第3节 450-550操盘线使投资者不再亏损 ……………… (8)

第二章 450-550操盘线与机构行为分析 ……………… (11)

第1节 主力到底什么时候出货？ ……………………… (12)

第2节 450-550操盘线与成交量 ……………………… (14)

第3节 如何发现并判断高度控盘个股 ………………… (18)

第4节 机构建仓与换庄分析 …………………………… (20)

第5节 透过450-550操盘线上的供求平衡发现主力行为 …… (28)

第6节 透过450-550操盘线发现机构投资者主流投资趋向 …… (32)

第7节 通过450-550操盘线发现主力动向 …………… (37)

第8节 通过450-550操盘线对价格的阻碍与支撑透视机构行为 …………………………………………… (40)

第9节 通过450-550操盘线的走向判断机构市场行为 …… (47)

第10节 窄幅横盘区间与450-550操盘线的玄机 ……… (49)

第三章 "透过450-550操盘线上的经典K线组合形态"洞烛玄机 …………………………………………… (51)

第1节 早晨之星经典K线组合 ………………………… (52)

第2节 穿头破脚经典K线组合 ………………………… (55)

第 3 节　曙光初现经典 K 线组合 ……………………………… (57)

第 4 节　蜻蜓十字线经典 K 线组合 …………………………… (59)

第 5 节　上吊线经典 K 线组合 ………………………………… (62)

第 6 节　墓碑经典 K 线组合 …………………………………… (64)

第 7 节　高博线经典 K 线组合 ………………………………… (66)

第 8 节　孤儿形态经典 K 线组合 ……………………………… (68)

第 9 节　孕育线经典 K 线组合 ………………………………… (70)

第 10 节　三重顶经典形态组合 ………………………………… (72)

第四章　450-550 操盘线与成交量的珠联璧合 …………… (75)

第 1 节　价格上穿平行 450-550 双轨后的缩量买入法 ……… (76)

第 2 节　450-550 操盘线上的量价齐升买入法 ……………… (79)

第 3 节　高成交量个股——黑马的摇篮 ……………………… (81)

第 4 节　高成交量股票池的建立 ……………………………… (86)

第五章　450-550 操盘线与趋势投资 ……………………… (89)

第 1 节　双轨趋势向下 ………………………………………… (90)

第 2 节　双轨长期平行且窄间距 ……………………………… (93)

第 3 节　双轨交叉暴利操盘策略 ……………………………… (96)

第 4 节　趋势向上操盘策略 …………………………………… (99)

第 5 节　450-550 操盘线之上的趋势线突破 ………………… (102)

第 6 节　450-550 操盘线上的惯性运动操盘策略 …………… (104)

第 7 节　450-550 操盘线与趋势通道的双剑合璧 …………… (107)

第 8 节　450-550 操盘线上的斜面平台 ……………………… (110)

第 9 节　高位熊长牛短风险形态分析 ………………………… (112)

第 10 节　警惕高位利好下的投资风险 ………………………… (115)

第六章　450-550 操盘线与颗粒型 K 线链的实战组合 …… (119)

第 1 节　颗粒型 K 线链 ………………………………………… (120)

第 2 节　上升颗粒型 K 线链 ……………………………………（125）

   第 3 节　侧向整理颗粒型 K 线链 ………………………………（129）

   第 4 节　雪崩前的下跌颗粒型 K 线链 …………………………（132）

第七章　黑马实战精华 ………………………………………………（137）

   第 1 节　通过龙虎榜发现涨停后的暴涨机会 …………………（138）

   第 2 节　大角度直线上攻型 ……………………………………（142）

   第 3 节　具有爆发力的突破型 …………………………………（146）

   第 4 节　零界区域的超级暴涨型 ………………………………（149）

   第 5 节　双剑合璧的机会与风险 ………………………………（152）

   第 6 节　450-550 操盘线穿越后的操盘 ………………………（157）

   第 7 节　突破 450-550 操盘线平台整理后的操盘 ……………（164）

   第 8 节　价格上穿水平 450-550 操盘线后的操盘 ……………（166）

   第 9 节　价格上穿窄间距向下的 450-550 双轨的操盘 ………（168）

   第 10 节　450-550 操盘空间带压制下的操盘 …………………（170）

   第 11 节　450-550 操盘线的极限经典操盘 ……………………（172）

后　记 …………………………………………………………………（177）

第一章 认识450-550股价暴涨操盘线

面对复杂多变的市场环境,究竟什么样的系统才能够把握市场的发展方向?或者说什么样的系统才能够发现市场的主要趋势,让投资不再迷茫?请看我们提出的450-550操盘线。本章介绍450-550操盘线的架构及其由来,让投资者先从概念上对我们的操盘线有一个清晰的认识。

第 1 节
450-550 操盘线的由来

伴随着中国资本市场的快速发展，我们看到的投资现象更多的是投资者亏损累累。扭转这一局面的方法很多，指导投资者的证券图书也很多，但通过作者多年以来对国内外大量投资性著作的研究后发现，它们要么过度宏观，要么过度微观，要么研究方法过于抽象，要么将价值理论不论水土全盘照搬，而能够站在大众投资者角度、具备强大实战价值的著作寥寥无几。作者结合自身的投资实践，对市场进行深入研究，从行为科学和心理学出发分析了市场运行特点，透过对机构行为的深度分析，在博弈学与行为金融学的基础上，开创性地为投资者提出了全新的投资框架和投资视角，为投资者的投资决策提供超强的技术支撑。这就是作者独创的 450-550 操盘线，也是《股价暴涨密码》这本书的核心内容。

通过我们对世界范围内金融市场的价格运动进行过滤，发现能够有效地带给投资者以巨大收益的图形莫过于具有标准趋势动力学的图形，而能够及时发现该图形将成为每一个投资者获取成功的超级密码。在早期的道氏理论中，曾就价格运动趋势进行过详细阐述，但我们在实践中同样发现其在指导市场中有很多不足，比如对于价格的逆转，并没有更详尽的实用性技术，对于发现主要趋势并未有量化的可供投资者容易掌握并有效应用的解释。为了解决这些问题，作者引入了450-550操盘线这一能够驾驭主要趋势运动的技术体系。该体系的背后隐藏着股价沿趋势运动的基本规律。我们在数次实战中发现该线最大的优点是对机构行为的监控，尤其是机构建仓行为，它总能够在最为重要的时刻为我们的投资保驾护航，为我们的投资决策指明价格运动的主要方向，同时让我们有效地规避投资风险。

依据我们目前掌握的自然规律，作者认为金融市场中价格的运动也是存在惯性的，超级运动的背后一定有超级能量在支撑，或者说有超级能量在推动，这如同在传统动力学中所讲述的物体或事物运动的能量规律，比如牛顿定律、高熵运动等，这是一个广义的概念。而在资本市场中，作者首次引入了该概念，并在应用中屡建战功。在股票市场，一个具备动力学的股票，我们的观点是其价格运动方向必然具备连续性清晰可见的趋势特征，比如一个50°斜坡的标准上升通道，一个70°的拉升，或者一个横向的震荡，一个快速的下跌，一个慢牛市场等等，这些趋势我们在股票价格图表中都可以非常清晰地看到，对于我们每一位投资者来讲，首要决策的就是当前的价格运动处于一个什么样的态势，对待这个问题在我看来超级短期的趋势是普通投资者难以捕捉的市场现象，而一个有一定区域时间段的趋势是投资者完全可以利用和把握的，我们的宗旨是首先去发现一个具备前进动力的价格运动图形，即符合我们450-550操盘线的价格运动模型，该图形必须简单且同时具备极强的流动性，其价格运动必须在经历长久震荡后穿越450-550双轨操盘线的压制，因为该系统是一个具有很大跨度的超级趋势，任何价格对该系统的彻底扭转都将是市场重要机会出现的信号，同时我们彻底颠覆性地忽略了短期趋势，即绝大部分投资者都在使用的 5 日、10 日、30 日等短周期的均线系统。在短周期的价格运动中，投资者的情绪化操作是其失败的根源，因为价格的运动更多的处于无序或者说杂乱的运动之中，而长期趋势则不同，其稳定性、可靠性非同寻常。如果我们能够找到并发现市场运动的长期趋势，那么，投资将会是一件非常容易的事情，铁定能取得成功。

第 2 节
450-550 操盘线的建立

在此模型中我们会通过案例让投资者了解并认识我们独创的 450-550 操盘线的威力和在实战中的巨大价值，即使是在投资者没有丰富的专业知识，深厚的市场背景，更无法获取到重要的、有价值的市场消息的前提下，我们也能够让投资者获得暴利成为可能。请跟随我们的 450-550 操盘线，来深刻理解并科学应用它的奥妙之处吧。应用 450-550 操盘线一定会让投资者找到机构的蛛丝马迹，让投资者彻底看清隐藏于价格运动背后的密码。即便是 2013 年上海自贸区概念板块的短期爆发性上涨也未能逃脱我们独创的 450-550 操盘线的监控，因为我们身处一个博弈的市场中，任何消息面的风吹草动背后一定存在利益博弈的幺机。

建立 450-550 操盘线交易系统，请将价格平均线所有均线全部去掉，修改为只有两条线，即 450 均线和 550 均线。具体修改方法不尽相同，以同花顺为例，请在主图上均线系统的任何一条价格平均线上点击鼠标右键，然后点修改均线，会出现类似下面的图形（图 1-1）。

请将最大值都调整为 1000，然后将默认值调整为 450 与 550 即可，如图 1-2 所示。

图 1-1

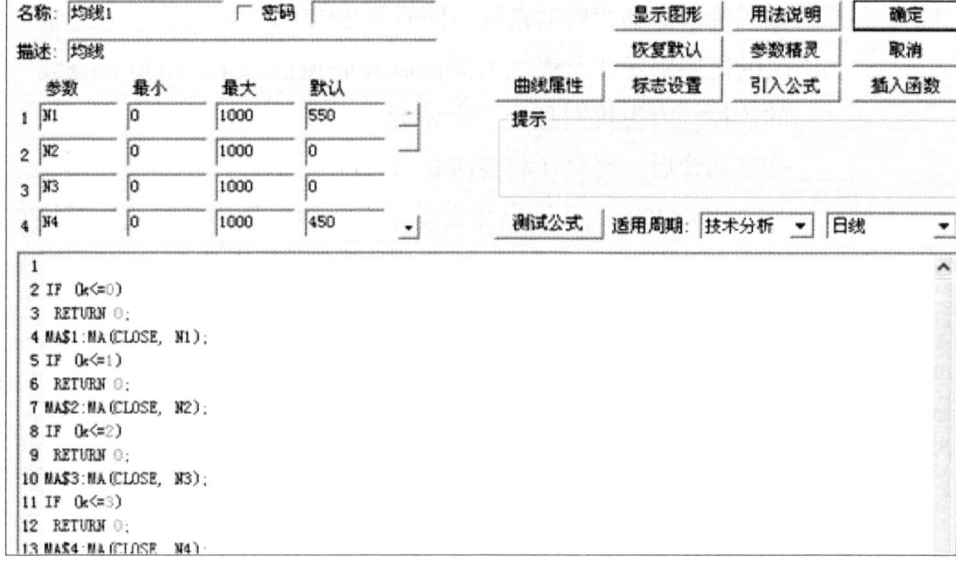

图 1-2

然后点确定按钮退出，即设置完成我们的交易系统。如图1-3所示。

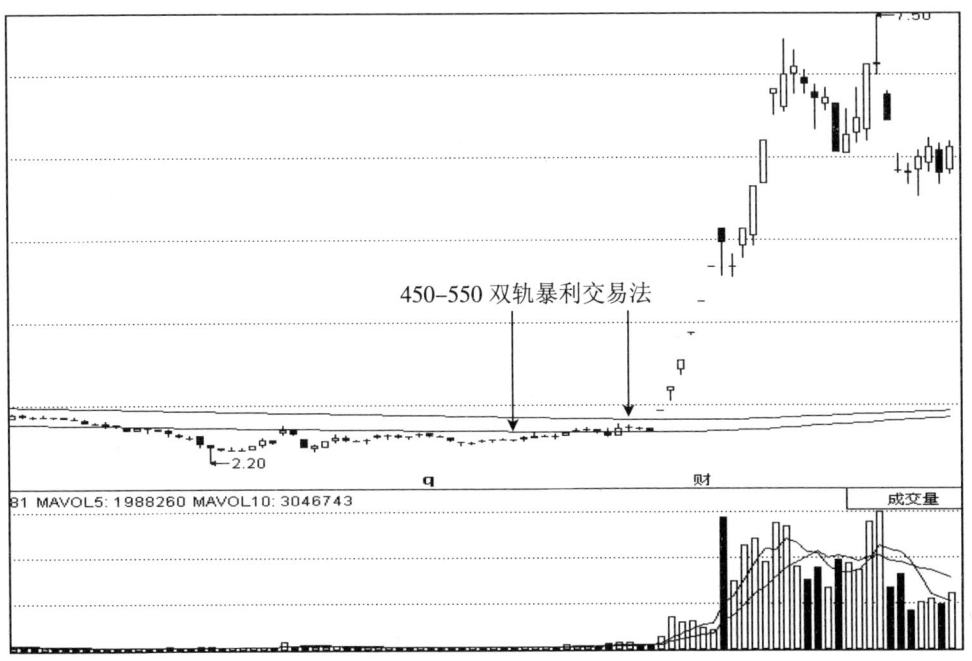

图1-3

至此，我们的450-550操盘线交易系统正式建立完毕，在捕捉超级大牛股的交易系统中，将彻底忽略任何如5日、10日、20日、30日等短期均线系统对价格的影响，我们将注意力高度集中于450-550双轨线，即450-550均线系统上。我们的技术系统在判断市场主流趋势上与技术分析理论的鼻祖——道氏理论不谋而合，在发现市场主要趋势的同时更大程度上融入了对市场的博弈行为的解析，以及机构投资者对市场价格持续规律性干预的监控。

第3节
450-550操盘线使投资者不再亏损

在道氏理论中曾将趋势分为典型的主要趋势、次要趋势和一般趋势，而投资者多年的实战中会发现结局仍是80%的投资者最终亏损，造成这一普遍现象的原因尽管是多方面的，但究其深层次原因，我认为：一方面是投资者未能建立自己有效的交易系统并加以严格应用；另一方面将过多的精力和心血浪费在对一般趋势和频繁短线交易上，在追涨杀跌的情绪化操作下最终亏损累累。我们通过对大部分投资者交易行为的数据分析，发现了更多的投资者都处在交易的误区，或者说投资的盲区之中。比如，首先对市场一知半解，更多的决策来源于公开信息，或者说来源于价格短线频繁波动带来的诱惑性交易，不断地在恐惧和贪婪之中轮回，在高频的被市场价格影响的情绪化下交易，最终难以自拔地陷入了交易的怪圈，或者说误入泥潭。偶然的不知其所以然的微小获利，却把这样曾经的买入当作了方法教条。周而复始，不断在建立新的教条和废除旧的教条下走向了亏损的深渊。其次是很多投资者对自己的专业知识与专业技术的有效性缺乏正确的认识，专业性投资知识严重缺乏，对市场缺乏深度理解，情绪化操作如羊群效应般泛滥，这也是造成投资者亏损局面的主要原因。孙子兵法上说知己知彼，百战不殆，知己而不知彼，互有胜负，不知己而不知彼，每战必败。著名的价值投资之父本杰明·格雷厄姆曾讲过一句话："就算是再聪明的投资者也难免需要相当强大的定力来避免随波逐流。"可见随波逐流式的投资是一个世界范围内众多投资者的共同问题，那么究竟该如何扭转这一局面，或者说如何有效地过滤掉无任何参与价值的交易行为？这里我们找到了，即我们建立的450-550操盘线，它不仅能够在最大限度上为投资者规避风险，也能够让投资者获得超额收益成为可能。其宗旨不单是对情绪化交易的有效过滤，对投资理念的重新建立，更是对市场超级资金博弈力量的透视。我们坚信它不单是一个高瞻远瞩的系统，更是狙击股市强者的杀手锏。

第二章　450-550操盘线与机构行为分析

　　研究机构行为是投资成功的关键。本章我们就机构行为手法、操盘模型、投资理念、投资策略等方面与各位一起分享，并将通过主力获利空间分析、价格运行区域位置分析以及成交量分析等多角度对机构行为进行剖析，透过这些行为背后的逻辑来诠释我们的450-550操盘线在研究机构行为上的巨大价值。

第 1 节
主力到底什么时候出货？

很多投资者投资时非常关心的一个话题是，这只股票主力走了没有？控盘机构还在吗？在这里我们就这个众多投资者关心的问题与大家一起进行探讨。谈到主力到底什么时候出货的问题，首先我们需要知道主力的获利空间的问题，即主力赚多少利润就已经具备出货的条件，而主力获利空间的大小是决定主力能否顺利出局的关键性问题。机构操盘手法的不断更新，使投资者研究这一问题变得更为困难。首先我们看一下主力获利空间的问题，这是一个相对复杂的概念，它取决于很多因素，比如企业的未来发展，机构的对抗结果，机构资金的来源，机构资金成本，上市公司配合程度，以及宏观政策等都会对既定的主力坐庄计划造成影响和改变。有的人会说机构获利 30% 可以有出货空间，但我个人认为，机构一旦重仓介入，不会以 30% 为目标，另外 30% 的空间筹码将很难兑现，或者说根本无法顺利出局。因此一旦监测到有大额资金开始建仓，30% 之下的空间将是相对安全的，除非机构遭受伏击，或者上市公司出现重大问题，或者指数出现系统性风险，否则都将存在重要的投资性机会，因为机构很难兑现手中的大量筹码。如果说股价已经上涨 50%、200%、400% 等，机构就有了出货空间吗？我的观点是，超过 50% 的涨幅，只要机构操盘手运作技术高超，则已经具备出货条件，此时投资者需要万分警惕。但在实战中，更多的机构都将价格拉升数倍。究其根本是因为空间越大，越容易全身而退。比如一只股票上涨一倍后开始出货，则机构只需要出掉底仓筹码的50%即可全部收回投资成本，剩余的筹码不管以什么样的价格卖出，全部都将是利润。

机构在拉升股价多大空间上开始出货，此概念几无定论，说到底做多大的空间是主力时间成本与资金成本以及变幻莫测的来自对手盘的突发性因素等最终博弈的结果，因此绝不可一概而论。比如说50%，在我看来，50%的空间出货更常发生在中小盘股和题材股炒作性上，主力会尽可能地拉出空间，以减少因出货打压所带来的利润损失，但需要注意的是，一旦一只股票升幅巨大，短线开始出现量能严重背离走势，且价格重心开始下移，必须高度警惕，机构随时都会开始出货，而出货手法也将变得更有伸缩性和自由度，如缓压出货、灌压出货等等，此时机构完全可以肆无忌惮，因为已经有了巨大的价差空间，所以风险随时会从天而降。

而要深入了解主力的坐庄原理，就需要对主力理论有彻底的掌握，这里我们不再赘述，因为我们通过数次实验后找到了一把利剑，即我们的双轨暴利450-550操盘线，投资者可以直观地通过该操盘线发现机构行为和市场主要运动趋势，同时投资者还可以启用趋势通道来跟踪其演变发展，化整为零，波段套利，以达到终极盈利的目的。在后面的章节中我们将会重点通过对450-550操盘线的介绍让投资者体验到该操盘线的玄妙之处，同样，透过对操盘线的研究投资者也可以过滤掉更多的对机构出货行为的误判，让投资更加理性。

第 2 节
450-550 操盘线与成交量

　　成交量是我们每一个投资者所熟悉的基本概念。关于成交量的用法有很多，任何机构的建仓行为都离不开成交量，机构的建仓必然是成交量长期堆积或者短周期爆发的结果，正所谓从量变到质变，即量在前价在后。观察很多历史上的大牛股，我们都会发现一个市场现象，即股价在扭转主要下跌趋势后长期震荡徘徊，此时会出现大量的交易，累积很多的资金，其股价震荡周期长短因个股而定，少则几个月多则一两年，其目的就是完成筹码的转换，用时间消耗持股者的耐心，最终达到建仓的目的。而判断其启动的最好方法是价格脱离盘整带开始向上运动，此时交易量放大上攻，量价齐升，或者无量上攻。其大幅上涨肯定是机构行为的结果，有量就有庄，这是我们的观点，因为任何规律性的放量和缩量过程中都是机构操盘的结果。散户投资者受制于无大额资金操盘，因此无法做到集中性放量和形成规律性的成交量。当价格处于高位之时，也会出现巨量换手或者说长期震荡，不间断放量，这时的股价放量应该是套现的过程。

　　透过成交量洞察机构行为的方法尽管有很多，在这里我们先只介绍一种极端的成交量行为，即成交量接近0。我们投资的目的是赚钱，也就是要找到市场中的主要机会。在通过成交量透析机构行为方面,我们推崇能够为投资者带来重要机会的成交量为0的行为,而成交量为0也是最重要和最容易被投资者识别应用的行为,因为其存在一个直观的表现形式,即成交量近似于0的情况。在我们的动力学中我们将这种近似乎地量的散兵坑称为成交量0,此时的成交量告诉我们价格当前的趋势性运动已经没有任何能量,变盘将随时会发生。而在一个强势放量后的成交量散兵坑中会孕育新的短线机会,此时成交量的枯竭说明了市场抛盘的枯竭,或者说机构洗盘接近尾声,市场情绪极度低落,物极必反。当成交量开始再次有规律性放大时,投资者可以短线开始参与,尤其对价格运行在450-550操盘线之上的个股,都将存在重要的投资机会。当股价上穿双轨后涨幅过大,下跌也将随时会发生。我们将双轨之上100%之内的区域暂定为投资第一安全区,超越100%之后的市场价格运动行为,必须严格采用趋势跟踪策略来进行密切监控,以达到最大限度防范投资风险的目的。

图2-1是我们选取的一张价格走势图,投资者可以从中清晰地看到当成交量进入一个洼地后,出现规律性放量介入的力量,而源于450-550双线平行向上后的缩量介入,必将会令投资者的投资获得满意的收益。

成交量为0的区域,可以从行为金融学上为投资者提供更多的参考依据,它明确地反映了参与者的交易热情,以及主流机构的交易动向,使投资更加理性。在一个450-550双线向上的多头轨道中,当出现成交量地量后,尤其在主要趋势向上的市场中,也即双轨向上多头排列的情形下,其实战赢面将会非常高。随后的价格每次放量上攻都将是短线投资者难得的盈利机会,所有的前提是,450-550双轨必须水平或者向上呈现多头排列。而在一个双轨空头向下排列的市场

图 2-1

中，我们的投资策略则是坚定持币或者做空，当然，极端的情况总会发生，但也难以逃脱我们的监控。

我们主张任何价格对 450-550 双轨的有效穿越背后，都将存在重大的投资机会，不管是成交量在双轨上或者在穿越双轨时的放量或者缩量。接下来我们再为投资者讲述一个巨量的成交量背后的盈利案例，巨量的背后说明最根本的问题是市场上出现一个集中的买入者，买入态度坚决，实战中投资者会发现跟随突发的巨量买入后会出现很多失败的案例，其根本原因是价格未能有效穿越双轨，因此其基础性能量必将受到质疑。只要价格能够有力度、有能量地穿越双轨压制，则短线暴利机会必将随时展开，如图 2-2 所示。

图 2-2 为华昌化工（002274）的一段价格运行图，我们看到价格在双轨下蓄势后进行了长期的整理，随后一举放量穿越双轨压制，量价齐升，以涨停的态势连续逼空式出现了

第二章
450-550 操盘线与机构行为分析

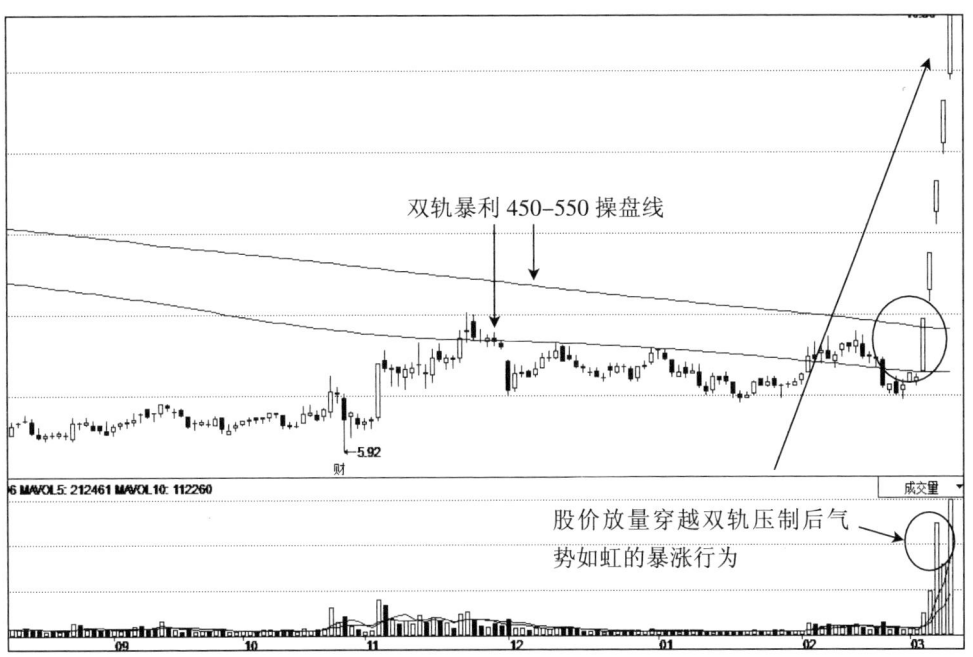

图 2-2

暴涨，此时所发生的市场现象，所展现的投资机会投资者可以深入去领会，在这里需要说明的一点是，在价格对 450-550 操盘线有力度的攻击中隐藏了巨大的投资性机会，投资者可以就该类模型重点去研究。本节我们只是简单讲述了双轨与成交量之间市场行为背后的关系，在后面的章节中我们会详细讲解关于双轨与成交量复合使用的经典操盘策略。

成交量最常见的表现形式无非是放量和缩量。通过熟练地研究成交量与双轨之间的微妙关系，投资者必将会对成交量的价值有一个全新的认知，因为我们的参照物变了，变得如此之庞大，使用了如此长周期的技术体系，跟随同样的成交量在不同的参照物下必将出现奇迹般的投资差异。

第3节
如何发现并判断高度控盘个股

在股市中发现高度控盘股，等于发现了赚钱的基础性目标。高度控盘股我们也可以称为高控盘庄股，其概念是说明该股被单一机构或者多家机构大量持仓，流通在外的筹码很少，其背后的实质是该股基本面良好，且存在很多未知的重要题材，因此单一机构投资或者几个机构一致性看好。鉴于其巨大的持仓量，因此当我们发现该类个股时，也就发现了重要的投资机会。在这里我们期望投资者更多地去发现在低位刚刚启动的高控盘庄股，因为它是最有价值和安全边际的投资标的。而如何判断股票高控盘，最简单的方法是看该股的成交量，即该股价格在上涨中不能放量，其背后的市场事实说明该股大部分筹码都掌握在主力手中，只要主力不卖当然就不会有大的成交量，价格走起来很轻快，我们可以将其形容为踏雪无痕。价格的有序上涨几乎不需要成交量的配合。如图2-3所示的华夏幸福走势。

对于华夏幸福，作者利用450-550操盘线发现了它是一个超级大牛股，图中我们发现价格的上涨几乎不需要成交量的配合，反而呈现背离走势，即价格上涨，成交量反而在不断地规律性萎缩，此时反映了盘面的巨大稳定性和机构良好的控盘度，一种和谐的局面。该股曾一度为我们的中级配置

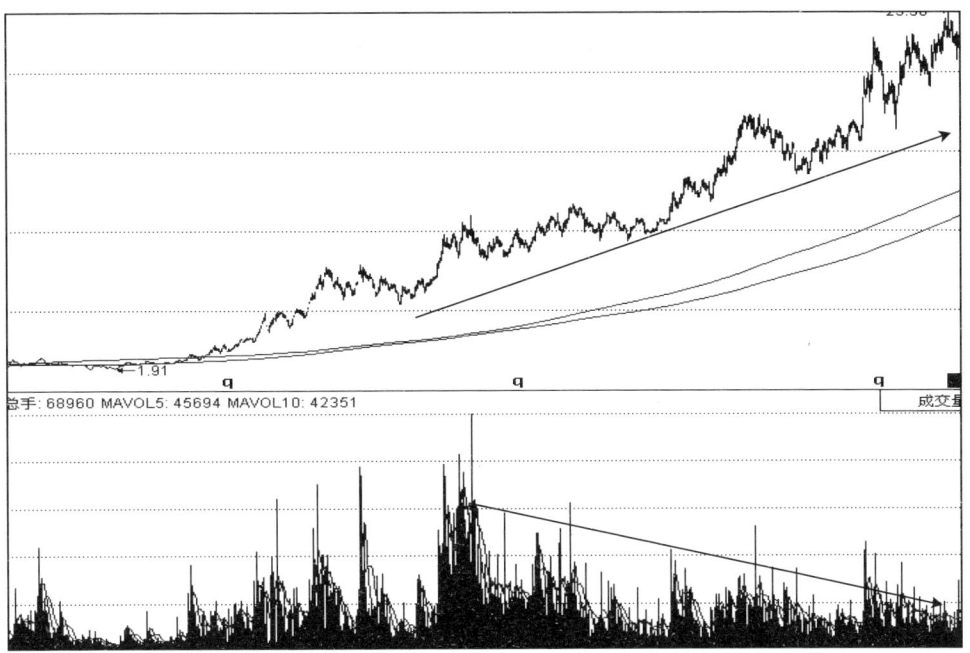

图 2-3

仓，跟随它我们获得了稳定而巨大的投资收益。这种局面明确反映了投资者情绪的温和性与规律性，几乎无突发性的高潮与突发性的低落，是一种稳定的获利图形。只要用此规律去寻找，当前市场中依然可以找到很多类似图形的个股。当然，利用我们独创的双轨暴利450-550操盘线，就可以方便、直观地为投资者轻松寻找到高度控盘个股。重要的是去寻找双轨多头排列的个股，股价同步双轨向上，该类个股几乎都是高控盘庄股，如图2-3所示，伴随着上涨中的缩量行为，便可以佐证该类个股为高度控盘股，在其回档中将出现重要的投资性机会。

第4节
机构建仓与换庄分析

我们知道，投资的根本是发现主流机构的投资行为，并跟随其操作，此为投资之大道。但纵观机构行为分析中的各种策略，作者认为，机构分析中最为核心的是，发现机构入驻，明辨机构出货，以及机构换庄交易。

如何去发现主力机构的行为呢？我们只有从细节入手。当一只股票价格在历史价格图形低位与大盘长期形成逆势对抗时，我们就认为这只个股被主力机构操纵了。指数在下跌而个股在长期逆势上涨，或者指数在横盘而个股在上涨，或者指数在下跌而个股在横盘，这些都是典型的逆势对抗。例如我们常见的逆势对抗形态，股票价格震荡上行且伴随成交量的不间断放大，而指数横盘或者下跌，这就是典型的机构建仓模型。结合双线暴利450-550操盘线辅佐，机构行为会一目了然。而机构的出货行为一般发生在价格上涨数倍后，此时成交量同样不规则放大，利好满天飞，但价格已经开始出现疲软，即放量滞涨走势，成交量不断放大，但价格难以继续推进，此时机构将会有重大的出货嫌疑。

换庄行为一般会发生在价格运行的中间环节，此时的市场现象是成交量迅速暴增，并集聚于一个价格平台上，价格跳跃度开始加大，若随后价格脱离此震荡平台，则可以认为是换庄行为。所有机构行为的根本是利益博弈的结果，因此投资者可以在更多时候站在机构的角度来看待和分析市场，从众心理和从众情绪下的投资给投资者带来的一定是遗憾和亏损。

1. 如何使用450-550操盘线发现主力建仓

我们知道机构的建仓行为一定会出现价格趋势的逆转，或者说趋势的改变，因为这是资金作用的结果。不管是短期趋势的逆转，还是长期趋势的逆转，其背后一定有重量级的资金推动。在数年的实战中，我们研究了大量的机构行为和价格运动图形，透过其背后的逻辑关系我们发现了最有效的投资策略，即忽略短期趋势，这也是本书的价值精髓所在。我们希望透过450-550操盘线为投资者发现重量级的投资机会，因为无数的市场事实证明了80%投资者亏损的根源在于过度的追踪短期趋势，根本没有对机构行为进行深刻的认知。

在下面的分析中，我们希望通过450-550操盘线最大限度地为投资者过滤掉不必要的投资机会，找到机构的建仓行为并跟随机构进行投资。通过以下案例直观地展示出机构的建仓行为，请投资者重点参考机构建仓的全过程。如图2-4所示。

图2-4为冠豪高新（600433）价格运动图，我们看到该股价格穿越450-550双轨后开始了长期的横盘震荡，成交量不规则放大。双轨450-550操盘线的提示是，只要价格突破并穿越双轨，则主要趋势就已经开始逆转，机构已经完成或者开始了激进型建仓。对于穿越双轨450-550操盘线之后长期横盘的个股，投资者更需要重点去关注，其爆发威力往往令人震惊。如冠豪高新进入拉升后，短期升幅超过4倍之多，

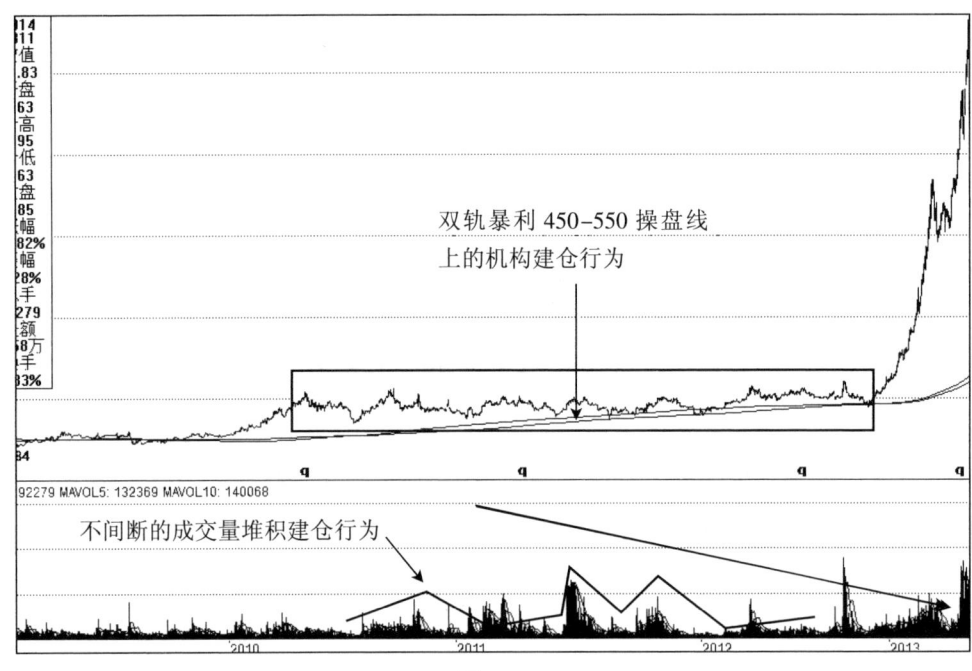

图 2-4

爆发力可见一斑。

我们知道一般机构的传统建仓主要有以下 4 种方法：

（1）低位长期震荡建仓；

（2）次低位窄幅横盘建仓；

（3）通吃套牢盘建仓；

（4）低位熊长牛短式建仓。

而以上 4 种方法都难以脱离的运动轨迹是对长期趋势的扭转，究竟多久的长期趋势能够对机构行为做最好的监控？在经过数以万计的交易数据验证后，我们开创性地提出了双轨暴利 450-550 操盘线，实战中该操盘线可以在最大程度上辅助投资者准确摸清机构的脉动，尤其是判断超级机构的建仓行为。比如机构采用第一种低位长期震荡建仓时，这种震荡更多的是水平箱体震荡，其内涵是扭转了历史上的下跌走势，进入多空平衡交换筹码的重要时期。趋势能够停止下跌转而进入横盘震荡，必然有多头资金不间断的买入做支撑。我们知道价格的下跌是因为大量筹码抛售的结果，而价格停止下跌也必然是资金反作用的结果，否则价格必将维持原有主要趋势进行运动。能够扭转主要下跌趋势的力量，一定是大资金或者说长期资金持续买入的结果。

上述4种形态就等于发现了有机构在收集筹码，但有上述4种形态一定能够成为超级黑马吗？我们的观点是，不一定。我们的目的是发现超级黑马，并以最高的实战成功率为标准，所以在对传统机构行为失败案例研究总结后，我们最终将所有突破并穿越双轨后的建仓行为定义为具有超级资金活动的主要趋势，只因我们的双轨450-550大均线系统其宗旨和作用，是在找到并发现主要运动趋势，而价格能够穿越其上的行为背后必然需要规模性资金的推动和操纵，否则将很难穿越如此大级别的趋势系统。因此，一旦穿越双轨线，则多头能量充沛的事实将不言而喻，实战价值毋庸置疑。如图2-5为机构的建仓行为在450-550操盘线上的表现。

图2-5为科冕木业（002354）价格运行图，我们看到价格在持续的长期低位震荡中，成交量不规则间隙性放大，资金涌动迹象明显。在这一过程中，按照传统理论来讲，有机构吸纳迹象，此时所发生的市场现象可以总结为：第一，价格由长期下跌进入侧向整理，即进入低位长期震荡；第二，成交量不间断放大，且不断累积，此时所代表的市场内涵是有资金不断的买入，否则价格难以维持近似水平的震荡整理。就传统理论来推断，我们可以认为该股有机构建仓，而其后价格上穿450-550双轨线后连续暴涨。我们的双轨操盘线此时便能够及时、准确、富有效率地发现该股的关键性机会。

类似上面低位长期震荡的案例不胜枚举，但在实战中为什么很多投资者学习了很多研究机构建仓的方法后，仍不能

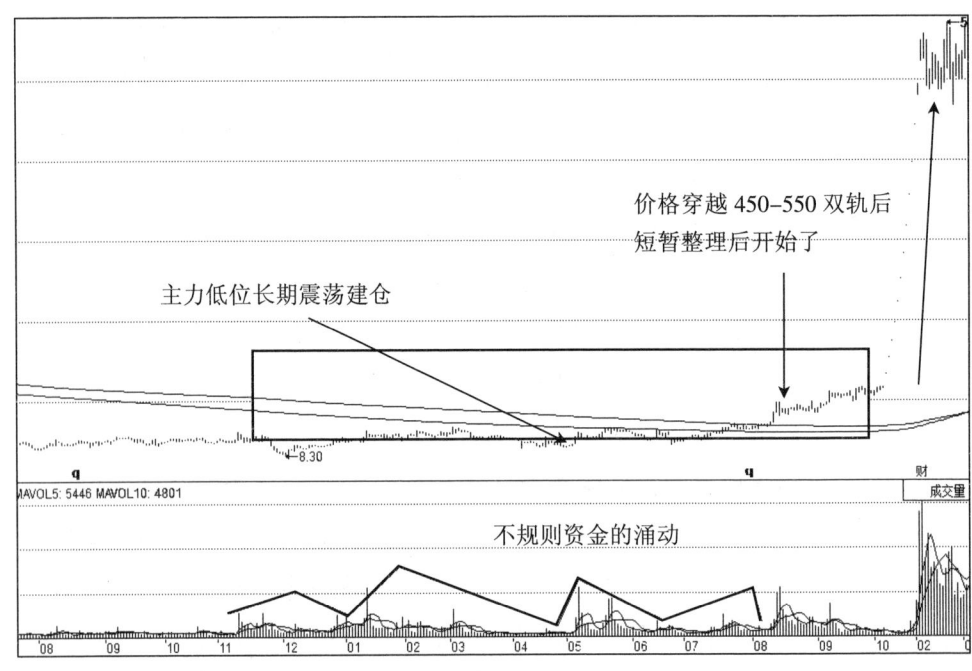

图 2-5

够获得利润反而亏损累累呢？究其根本是价格必须穿越双轨暴利450-550操盘线，只有穿越才可以佐证机构的实力与机构可能后续的大动作，任何难以彻底扭转主要趋势的行为背后都将缺乏其稳定性与可靠性，所以价格对双轨的穿越是根本中的根本。

　　过滤掉太多诱惑性的交易，规避和识别机构到底是建仓还是短期资金一时的冲动性买入而阻止了价格的下跌，就看有无大级别规模资金推动，其后续的走势是随波逐流，还是特立独行。没有大机构介入的个股一定是跟随指数震荡或下跌。图2-6中同样是一个机构的建仓行为，但以失败告终，或者说跟随性买入的投资者一路被深度套牢。同样的现象，在450-550操盘线下的结果却天壤之别，何以如此？

　　图2-6为河北钢铁（000709）价格运行图，图中可以清

450-550 操盘线与机构行为分析

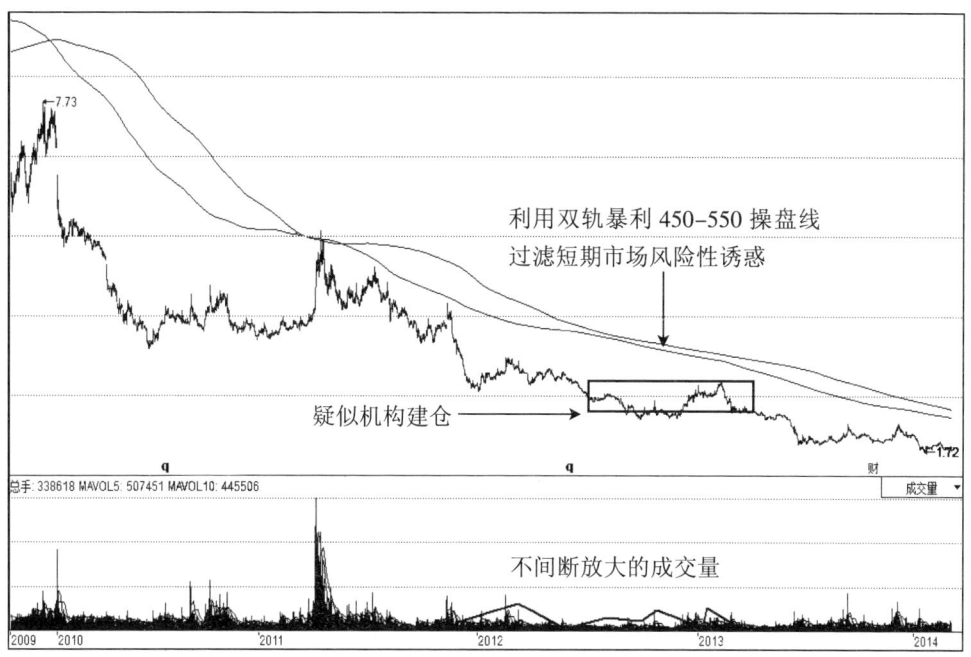

图 2-6

晰地看到同样的一段低位震荡横盘，如图中方框内，此时成交量同样的不间断放大，按照传统理论和传统机构建仓手法分析，此时价格在经历连续下跌后开始了逆向运动，必然是资金推动的结果，有机构建仓迹象和建仓嫌疑，很多投资者于是开始跟随性大举买入，但随后的结果是该股一路继续疯狂下跌，给按照传统技术分析方法实施买入的投资者带来了巨大的亏损。究其根本是该股始终受制于双轨 450-550 操盘线的压制，双轨始终顺势向下。其背后的市场事实是，主流机构投资者全部以卖空该股为主，多头的任何反击都是小规模资金作用的结果，即诱惑性拉高，或者说无实力机构大规模增持。

俗话说：势不可挡。而如何发现最重要的"势"也成为了投资者决策成功的关键所在。就河北钢铁来讲，我们在使用 450-550 操盘线监测其主要趋势变动的同时，等于也在监测主流规模资金的运动状况，因此同样的一个整理形态或者说震荡反攻形态，我们的决策会与大众投资者截然不同。只要没有有效上攻穿越我们的双轨450-550操盘线，就不会进入我们的投资视线，即使该股有无数的上涨理由，我们也必将不闻不问。因为我们坚信，技术走势涵盖一切，尤其是我们的双轨暴利450-550操盘线始终能够从战略的高度为我们指明价格运动的主要方向。

2. 如何通过450-550操盘线发现机构换庄

换庄是投资者非常关心的一个话题，因为其背后隐藏了新的投资性机会，那么究竟什么是换庄呢？换庄是介于一个或者几个机构之间的筹码转换行为，在某一价格运行区域发生的高集中性高换手的行为，其最直观的表现就是成交量集中性放大，而后价格缩量穿越前期集中放量的头部区域。如图2-7所示。

图2-7为比亚迪（002594）的价格运行图，图中我们可以看到的现象是价格震荡穿越了450-550双轨线，随后开始了侧向整理，期间大幅度换手放量，放量的根本是其中有坚定的卖出者，就该股而言前期已经累计了大幅度的上涨，此时坚定卖出者应该为机构莫属。因为如此集中的放量行为散户是无法主宰的，而此时如此巨量后究竟又是被谁买走，又有谁在集中的大规模买入呢？必然是机构，这是我们所关心的问题。让我们来继续推理，此时的价格依然在我们的双轨之上，该位置离双轨线位置较近，依然具有重要的投资性机会。我们继续观察该股，随后该股在巨量换手后出现了缩量的回档，而后再次缩量穿越前期头部，图中水平线位置，此时为缩量过头。它反映的市场事实是解套抛盘很小，应该再

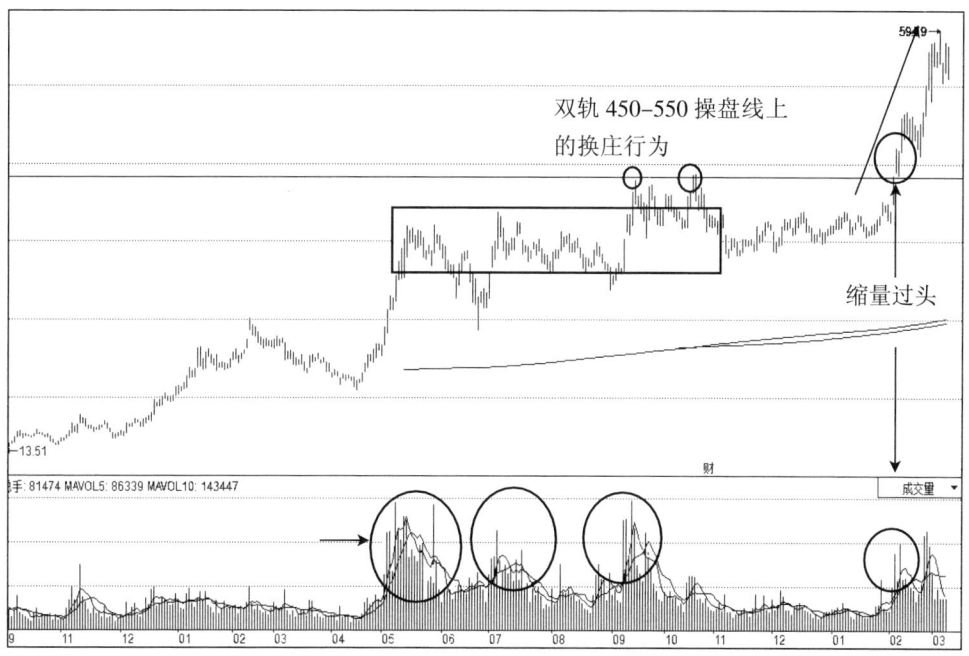

图 2-7

次确认了市场的惜售心理。如果在该位置引发大量抛盘,则说明一个问题,有大量解套愿意卖出筹码,而解套就卖的筹码大多是散户的筹码,当前位置并未出现上述现象。为此再一次印证了我们的分析判断,该股前期的巨量换手是机构的换庄所为,随后的跟随性买入者获利匪浅,这就是我们通过双轨上的巨量换手行为来发现的机构换庄行为的典型案例。实战中投资者一定要注意的关键点是,该图形必须发生在双轨之上,这是中线安全的信号,另外放量的位置不要偏离双轨过远,比如不超过50%,我们就可以较容易地捕捉到换庄行为后的投资机会。

第 5 节
透过 450-550 操盘线上的供求平衡发现主力行为

我们所说的供求平衡更多的是指价格在一段时间内所形成的价格盘整的平衡带，它可以为一个较长时间的平衡带，比如几个月或者几年；也可以为一个短期平衡带，比如一周、二周或者一个月。实战中，我们可以把它定义为整理行情，最直接的表现形式是价格水平窄幅运动，该形态是我们最常见的一种形态，此时股票供给与承载资金达到平衡，是震荡市的典型特征，因此在任何时候我们都需要关注价格的变动方向，而在本节我们重点和投资者探讨的是在 450-550 操盘线上的供求平衡带所透视的机构行为，谈到供求平衡带形成的原理，我们认为，能够形成价格的水平震荡运动的背后一定有潜在的买入者在支撑着股价，若市场处于非理性的不规则的买入卖出行为之中，此时的价格必然非常混乱，涨跌无序，必将难以产生供求平衡的平衡带局面，而若能够产生该平衡带，则其背后一定有一个有组织、有纪律的坚定买入者，而若该形态发生在我们的 450-550 操盘线之上，则意义将会变得十分重大，因为它随时有可能成为股价暴涨的起飞平台。

在谈到潜在买方时，我们会有这样的问题，比如在一波大幅度的下跌中，市场一片恐慌惨淡，大多数散户投资者亏损累累，而在极度的恐慌下散户的抛盘将更加汹涌，此时接盘的资金到底是谁呢？答案只有一个——机构，这是收集筹码的绝佳时机，也是大举买进且几乎万无一失的时机，那么到底有没有资金买进，或者说有无大资金在持续买进，这也再度成为我们每一个投资者所关心的问题。我们的答案是，若价格在连续暴跌后能够形成一个水平的震荡整理的平衡带，则此处一定有机构或者大资金的买入行为，伴随着成交量的不间断放大表现，此时在价格上所表现出的横盘震荡行为就是我们开始谈到的供需平衡带，但在现实中，我们发现很多平衡带经不起市场的考验，有很多个股在出现平衡带后随后股价又再次跌穿该整理区域，股价再度陷入暴跌，而简单依据一个平衡带来操作的投资者最终喜忧参半，更有甚者亏损累累。因此在这里我们提出了450-550操盘线上的供求平衡研究，为投资者规避可能的对整理行情性质的误判，因为通过大量统计结果，我们发现经过多重复合所形成的技术判断其准确度更高，尤其是在我们批驳论证基础上所建立起来的450-550操盘线上的技术性复合其实战价值更高。而其背后所隐藏的巨大机构活动力量是我们制胜的砝码。

比如在价格向上穿越450-550操盘线后，若出现供需平衡的价格运动整理图形，则必须第一时间引起投资者的注意，此时所发生的现象背后有双重意义：

其一，价格能够有效上攻并穿越450-550操盘线，则证明多头强有力的资金已经囤积并开始了扭转主要趋势的过程。

其二，价格向上穿越450-550操盘线后若出现窄幅横盘整理的格局，此时更多的市场含义是机构已经完成大举建仓，此时所进行的横盘整理是典型的洗盘行为，也就是用整理的行情来消耗投资者的意志，来为最终达到增持筹码而清洗浮筹的终极目的，此时的平台我们更愿意将它形象地描述为股价起飞平台，而类似案例也不胜枚举。如图2-8所示。

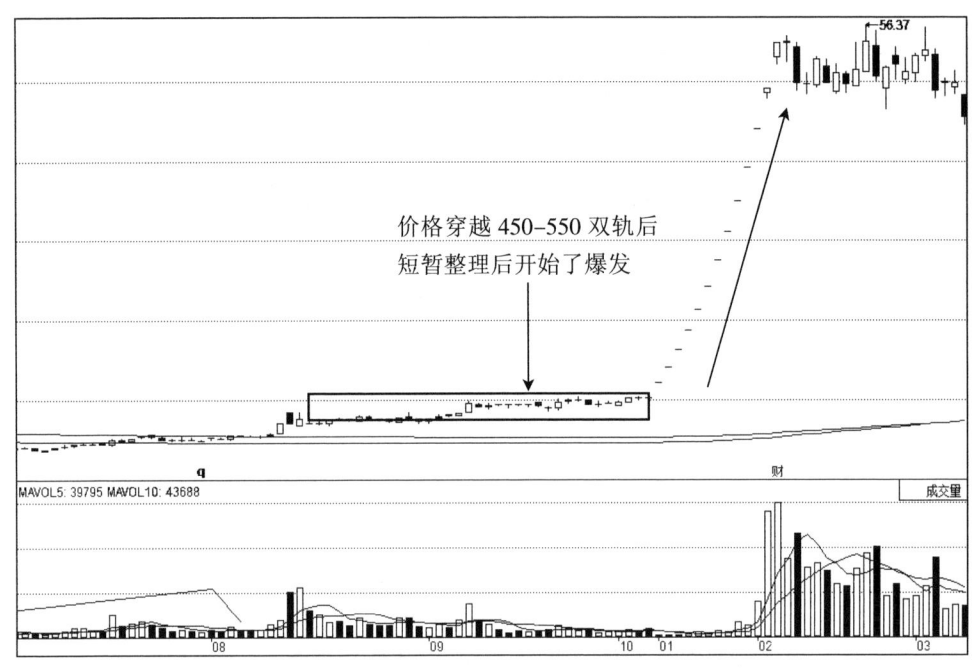

图 2-8

图2-8为科冕木业（002354）的价格运行图，图中我们可以看到价格穿越双轨后进行的横盘整理，即我们讲到的450-550操盘线上出现的供需平衡的价格运动图形，此时的市场现象是市场多空双方力量达到平衡，该横盘发生在双轨之上，我们在前面的章节中已经讲过，价格一旦穿越双轨则预示机构已经完成建仓或者开始激进式建仓，是股价爆发的前兆。从该股的技术图形我们可以看到，该横盘整理空间非常窄，此乃机构高度控盘的重要信号，我们在方框内同样可以看到另外一个市场现象，即价格不断震荡抬高，而成交量不断萎缩。这再次确认了我们的判断，即大量筹码掌握在机构手中，价格的上涨不需要成交量的推动，随后该股进行重

大重组，开盘后股价一路飙涨。我们使用该股作为案例，通过双轨上的窄幅价格平衡观察机构行为的目的是提醒投资者，在很多个股重组之前，其实已经有聪明的投资者或者投资机构大举买入，不管是其对基本面研究的结果还是其他因素，一切都逃不过我们精湛的技术分析。盘面信号说明并反映一切。

  实战中我们可以将横盘理解为停滞不前的状态，它可能成为价格暴涨的一个起点，也可能成为价格暴跌的一个起点，而究竟如何可以有效判断横盘的性质和可能的价格运动大势方向，这就需要投资者关注价格横盘与我们的450-550操盘线的复合结果。而在实战中我们更喜欢研究大盘弱势下的获利横盘这一市场现象，即指数在连续下跌或者整理，个股在逆势上涨或者横盘，与指数形成典型对抗的形态，这种形态蕴含了机构高度持仓和筹码高度稳定性的市场内涵，为典型的主力高控盘特征。因为走势能够比指数强悍的市场行为背后一定是有规模资金推动的结果，在寻找该类价格运动图表时，投资者可以重点关注该弱势平衡整理区域，最好发生在股价整体运行空间的中低位置，因为该位置的安全性更高，但前提条件依然是价格要有效穿越450-550操盘线。

第 6 节
透过450-550操盘线发现机构投资者主流投资趋向

凡是能够对股价运行产生重要影响的基金、券商、私募、保险等拥有众多资金的投资者，统称为机构投资者。机构投资者的巨额资金对市场供需关系有着重要影响，因此研究其投资行为也成为每一个中小投资者的必修课。只要掌握或者了解了机构行为动向，投资获得大额收益几乎成为必然，发现了机构投资者的主流趋向就等于发现了市场机会。我们知道机构投资者拥有对市场、行业、上市公司、政策信息解读以及对宏观经济走向等方面的深刻理解与优势，其投资行为在很大程度上具有重要的参考价值，加之巨额资金对市场价格波动所能带来的重要影响，因此研究机构投资者的主流投资趋向便成为投资者赚钱的重要方法。

时至今日，我们所发现更多的市场现象是，投资者每天都在谈机构行为，机构到底在做什么，机构走了没有等话题，这些话题可以说充斥了每一个有投资者交易的场所和角落，但所有的对机构行为的研究，最终在投资结果面前都大跌眼镜，不但没有带来收益，反而造成了更严重的亏损。为什么会出现这样的现象？虽然原因是多方面的，但就机构行为研究来讲，我们投资者在研究机构投资者的主流投资趋向时到底是研究方法错了，还是研究方向错了，还是根本没有办法

第二章
450–550 操盘线与机构行为分析

研究？我的答案是，方向是正确的，但方法错了，在这里我简要概述一下投资者正在使用的研究机构行为的方法错误在哪里。

错误一：将股东资料研究当作研究机构行为的教条。

我们发现大多数投资者喜欢用 F10 资料，也就是通过对上市公司流通股东的研究来判断机构的增仓或者减仓行为，在这里我需要告诉投资者的是，我们所看到的 F10 中的股东资料永远滞后市场 3 个月。请试着思考一下，对一个瞬息万变的市场，采用滞后 3 个月的公开信息来研究真的靠谱吗？比如我们喜欢研究某某基金，我们通过 F10 资料看到了它在买入某只股票，问题是你看到的时间是什么时间，比如我们 8 月看到的是 6 月前的资料，请问在这两个月的时间里，你能保证你所看到的机构还持有这只股票吗？它可能随时在 20 天内彻底撤离，因为股票市场所具备的就是很高的流通性，而你所看到的信息永远是滞后的，所以此乃第一大错。

错误二：通过每天的营业部买入卖出席位，或者通过突然的放量行为就轻易地判定机构买入。

我们知道涨停的股票有很多公开的信息会显示买入前五位的营业部和买入方，以及卖出前五位的营业部卖出方和卖出量，作者的问题同样是，该统计的买入资金量和卖出资金量都是以买盘成交和卖盘成交来统计的，如果两个熟悉的机构一个挂单卖，一个不停的买，那么最终报告的结果会显示某个机构买入了多少，但实际情况是两个机构在对倒，其实就该股本身来讲根本未发生真正的增量买入行为，但显示的是资金大举流入，请问依据这样的计算方法来决策有意义吗？

错误三：听信内幕消息和所谓的市场上的小道消息。

在市场中我们发现很多的投资者不停地在打探个股的消

息，但多年下来同样的亏损累累，在这里我要问的是，这些内幕消息机构为什么要让大家知道？对于大多数公众投资者来讲，能够知道真正的内幕消息我认为简直是天方夜谭，等消息传到你耳朵里的时候可能机构已经开始出货了，因为机构与散户之间永远在博弈和对抗，散户永远都是被利用的。而发内幕消息和小道消息的市场行为，可以形象地比喻为机构挖出了一大堆黄金，然后去满大街叫人一起来分享一样荒唐。

在利益的博弈面前不要侥幸地认为，某个机构会那么容易将好的消息轻而易举地告诉你，如果真是那样的话，那无异于他自己泄露自己的商业机密。所以依据所谓的消息来研究主流机构的投资趋向也并不完全靠谱，对于普通投资者来讲其结果最好的情况莫过于喜忧参半。

那么究竟该如何发现主力行为？我通过对金融学、统计学、心理学、行为科学、博弈学等诸多交叉学科的综合研究并实战论证，最终找到了研究机构主流投资趋向的方法。为了方便投资者理解和掌握，我排除了众多繁杂的市场噪声后，开创性地提出了本书的450-550操盘线，通过450-550操盘线来发现市场主流投资趋向，在实战中可谓屡创佳绩，一路凯歌。

在对市场的研究中我们也发现，市场公众心理因素是市场中最不稳定的市场情绪，在我们的统计中，公众情绪属于最活跃并最不稳定的层面，就像涟漪，随风而动，而风永远不止。在股市几乎无风平浪静之日，伴随的几乎都是散户的情绪起落，业内经常会将其称之为追涨杀跌，或许这是最好的表达，也是最恰当的形容。这是一个对弈的市场，也可以说是一个对赌的市场，机构的出货必然需要散户的接盘，而散户疯狂的背后一定大有文章。比如我们听说过门可罗雀的故事，也就是说当股市中几乎没有人去的时候，离底就不远了，而当连老太太都去买股的时候，市场中一定人满为患，此时也是顶部的时候了。这是一个很简单的现象，但蕴藏着巨大的投资哲理，也可以用太极图来形容这一物极必反的道理，在其背后总是价值泡沫与价值回归的交替出现。但究竟用什么来指引我们能在更大程度上明辨主要趋势的运动轨迹呢？450-550双轨暴利操盘系统正好是将大级别的趋势信号收入囊中，引领我们识别出推动大级别趋势力量的主流资金方向。比如2013年的创业板指数在穿越双轨暴利450-550操盘线后一路上涨（图2-9），其背后所折射出的主流机构投资趋向即是看好创业板未来的发展，并将重量级资金投入，才有下跌趋势的扭转。而与此对应的上证指数一路下跌（图2-10），其在450-550操盘线下的表现是一路向下，反映了市场主流机构投资趋向是继续抛售。

图 2-9

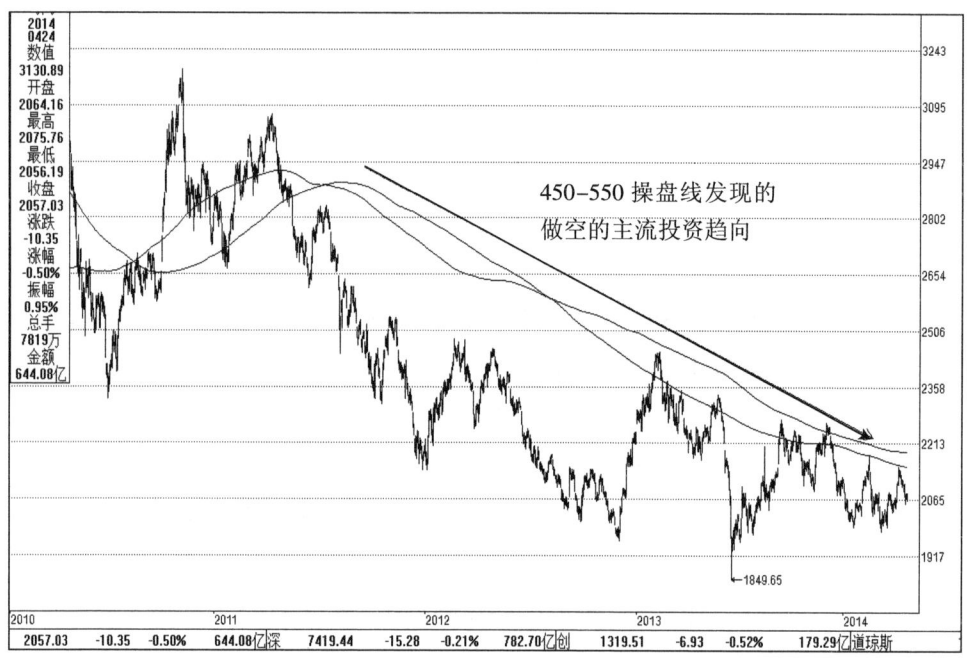

图 2-10

以上我们重点讲述了通过 450-550 操盘线来发现市场主流机构投资趋向的方法，相信各位在以后的投资中可以不再迷茫于猜测和推理，也不再受消息面的左右，通过股价在我们 450-550 双线上的运动行为和趋势，投资者就可以一目了然地看到市场的机会和风险。

第 7 节
通过450-550操盘线发现主力动向

主力动向即主力行为，或者说主力行动的方向，最终落实到盘面上即主力资金囤积的目标到底在哪里？发现主力动向是投资者投资成功的关键。因为我们知道了资金囤积的地方也就知道了出击的目标，不管是做多还是做空，跟随机构资金进行决策就是我们胜利的法宝。如果主力撤离，那么我们当然去做空，或者说清仓来控制风险。研究机构动向同样离不开我们的450-550操盘线，因为任何超级机构的行为都必将会与我们的450-550操盘线形成碰撞。如图2-11所示。

图2-11为赣粤高速（600269）的价格运动图。图中我们可以明确地通过450-550操盘线发现市场的主力行为，股价始终处于450-550双线之下，双线同样的跟随向下运动，此时的市场含义是，机构投资者在卖空该股，即该股当前无任何主流机构扭转趋势，因此最终导致了价格的一路下跌。为什么我们说该股的主力动向是卖出呢？因为我们看到了450-550操盘线跟随股价在向下运动，无任何规模化的资金参与来扭转价格运动的主要趋势，因此对于这类个股我们定义为无主力或者说暂时无机构控盘的个股。在投资中我们要规避对该类型个股的关注。

图 2-11

图 2-12 为冠豪高新（600433）的一段价格运动图，图中我们可以清晰地看到价格运行于 450-550 操盘线之上，而操盘线也跟随倾斜向上。市场行为的背后所反映的市场含义是，有机构投资者在增持该股，而且持续不断，我们知道价格能够穿越 450-550 操盘线的行为背后一定有强大的力量，否则将难以扭转 450-550 操盘线的运动方向，而此时的价格在操盘线上方运动，且操盘线开始向上倾斜，说明了市场的主力动向是做多，即持续买入，否则价格不可能无缘无故地穿越 450-550 操盘线，并且能够长期维持在它上面，同时操盘线的向上倾斜再次说明了主力机构的动向是以做多为主，随后该股所爆发的行情再次证明了我们 450-550 操盘线在判断主力动向上的重要价值。

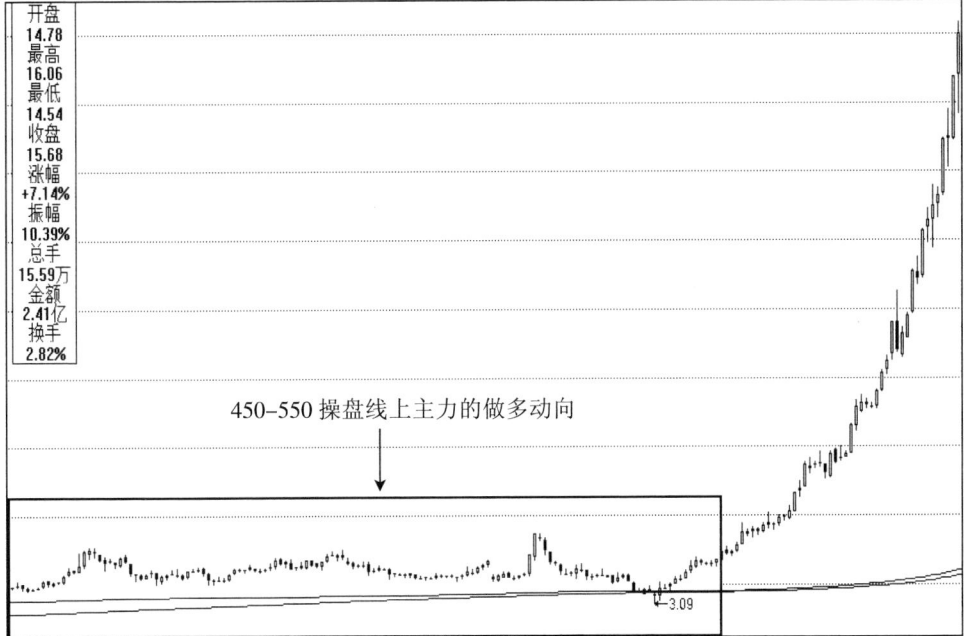

图 2-12

第8节
通过450-550操盘线对价格的阻碍与支撑透视机构行为

在450-550操盘线中我们始终认为，曾经的历史价格密集成交区，会在心理上给现有的价格运动带来压力，这个压力来源于过去的阴影，尤其是在大级别的趋势性运动中。比如450-550双轨压制下形成的套牢盘，该压力的出现也同时遵循散户情绪化原理，当价格接近前期成交密集区之时，或者450-550双轨压制点时，因为是长期投资者的近似套牢成本，这些曾经的买入者会面临解套的问题。在我们的统计中，更多的散户投资者会在此选择卖出，这是心理学上可以解释的课题，且已经成为规律，而且该规律存在系统性，并不能通过统计平均而消除。因此当价格穿越或者接近前期密集成交区时，请注意控制手中的头寸，抛盘随时会出现，这也是一个十字路口，除非主力有极大的勇气来穿越则另当别论，但在大多数的时间和情形里，我们都可以在图表分析中发现该密集区对价格运动短期内或者更长时期内构成强大阻力。请在价格接近历史密集成交区时暂时结清头寸，等候下一次启动不失为提高资金效率的有效途径。特别提示：这一观点目前完全有可能被机构所利用，更多的机构手法是直接放量通吃套牢密集区来达到建仓的目的，或者股价进入该区域后急速下跌完成洗盘，或者采用碎步向前的方式来完成建仓的目的。所以透过价格在历史套牢盘区域的变化，我们可以变相判断机构行为。

450-550操盘线同样对于价格的运动有着至关重要的压力或者支撑作用，若价格穿越历史套牢盘的瞬间同时穿越450-550双轨压制，且能够在穿越双轨后继续上攻，则该股在未来的时间里必将具备暴涨的基因，而若价格不能有效穿越450-550双轨压制则该价格冲击所形成的高点，更多的时候会成为短期或者更长周期内的股价顶点，若伴随着放大的成交量依然不能穿越其压制，则短线见顶回落几乎成为定局，而随后股价最直接的表现即是会回档进入蓄势整理阶段或再度进入漫漫熊途，此时出现的反弹受阻信号我们也可以将其理解为主力试盘的脉冲信号。如上证指数2013—2014年之间的历次对双轨的反击都未能有效突破其压制，导致其后的继续阴跌。下面通过案例来为投资者介绍价格在450-550操盘线上的阻碍与支撑，来透视机构行为并辅助发现市场主要运动趋势。如图2-13所示。

图2-13为光大证券的一段价格走势图，各位投资者可以清晰地从图中看出，450-550双轨对股价运动的强大支撑与阻力。股价上攻到达450或550线附近，若量能不能迅速放大或者价格缩量穿越，则该区域将在很大概率形成对股价的压制，投资者可顺势出局。尤其在双线向下的个股中，当价格触及550线的一刹那，往往是短线的最佳卖点，因为整个股价运行趋势的大势并未改变，股价触及450-550更多的成分是价格反弹所致，因为在大势未扭转之前，将不会存在价格彻底逆转的市场基础性能量。此时450-550线可作为短线卖出的重要参考性依据。

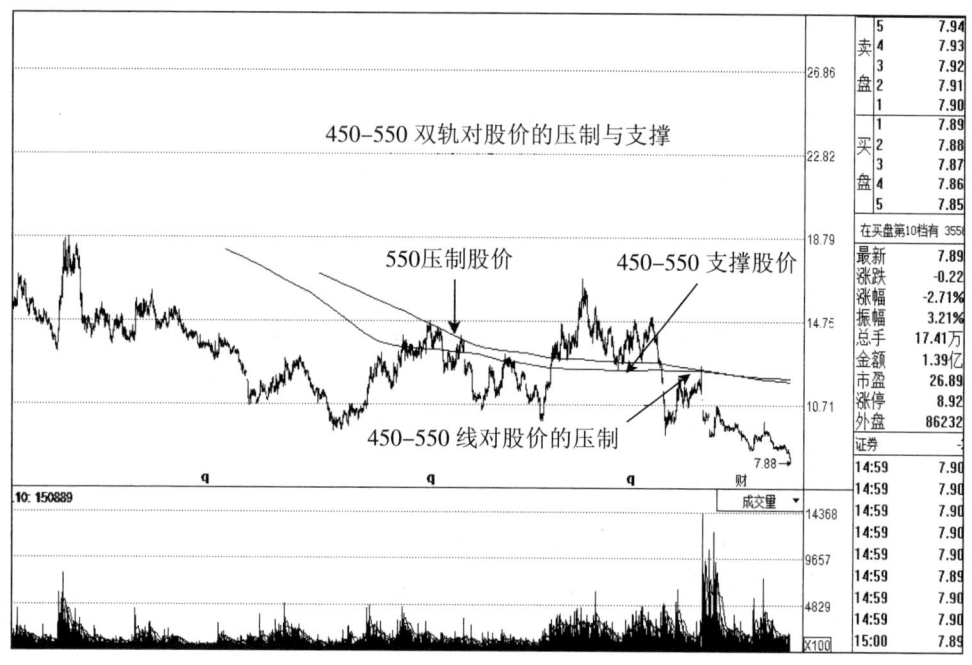

图 2-13

当股价穿越 450-550 线之后，此时价格若出现回落，当缩量回落至 450-550 线附近时，往往会形成巨大支撑，若成交量萎缩至极限位置，则是短线加仓的重要参考点。此时仓位的控制需以双线运行趋势做出增减，若双线水平，则可大仓位加仓；若双线向下，则仓位需要适当控制，因为我们更喜欢一个主流趋势处于牛市初期或者已经进入牛市的趋势辅佐，即双线走平或者双线开始向上。

图 2-14 为中海油服的价格走势图，从本图清晰地可以看出 450-550 双轨对股价的压制。价格屡屡受阻回落，参考双轨交易的投资者可以连续规避该股多次下跌风险。当价格穿越双轨，随后又开始回落在接近双轨的位置时发生了爆发性的反攻。在这里投资者需要注意，一是双轨开始走平，代表了市场由熊市已经开始转牛，此时市场系统性风险已经大量释放；二是价格穿越双轨后震荡回落，此时成交量迅速规律

性萎缩，其市场含义是市场抛盘在枯竭，短线反攻随时展开，此时即为短线买入的重要参考点。

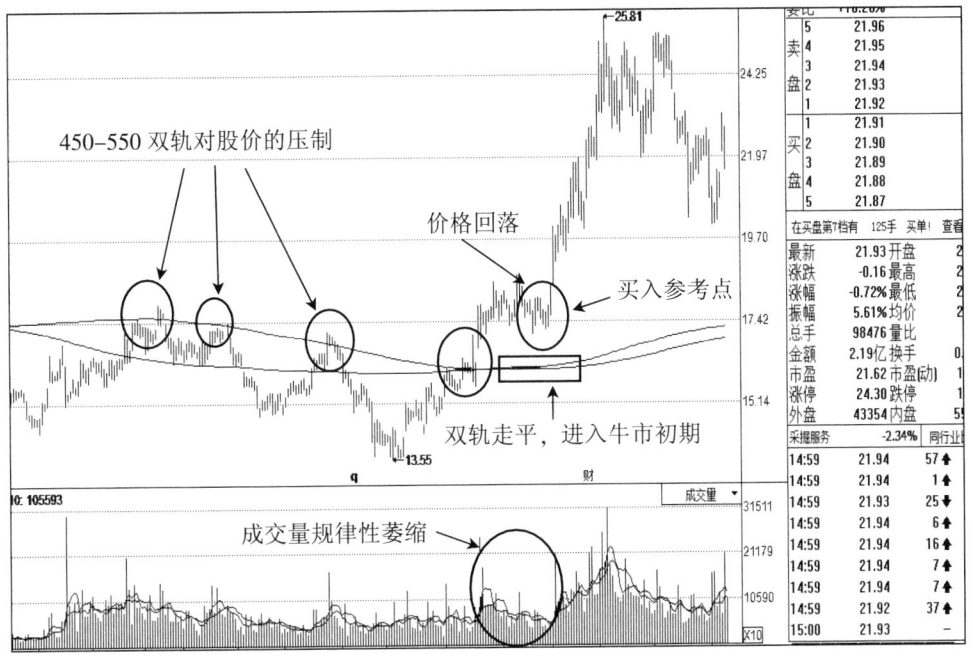

图 2-14

图 2-15 为国投新集（601918）的价格走势图，图中圈内是典型的价格反弹触及双轨压制的关键点，此时双线向下，我们在前面案例中曾介绍过，此时应该以顺势出局为决策要点，随后该股受阻回落后一路下跌，累计跌幅巨大，如果投资者可以及时发现双轨趋势，并及时做出止损出局的决定，则可以在很大程度上避免造成巨大亏损，而对于捕捉反弹或者想要抄底的投资者也可以为其规避不必要的市场风险。双轨趋势向下，且几乎呈现平行向下的格局，其反映的市场现实是空头猖獗，机构投资者集中性看空该股，市场抛售意愿强烈，短期多头无任何反击性能量，因此持币观望是碰到该类轨道模型的上上之策。

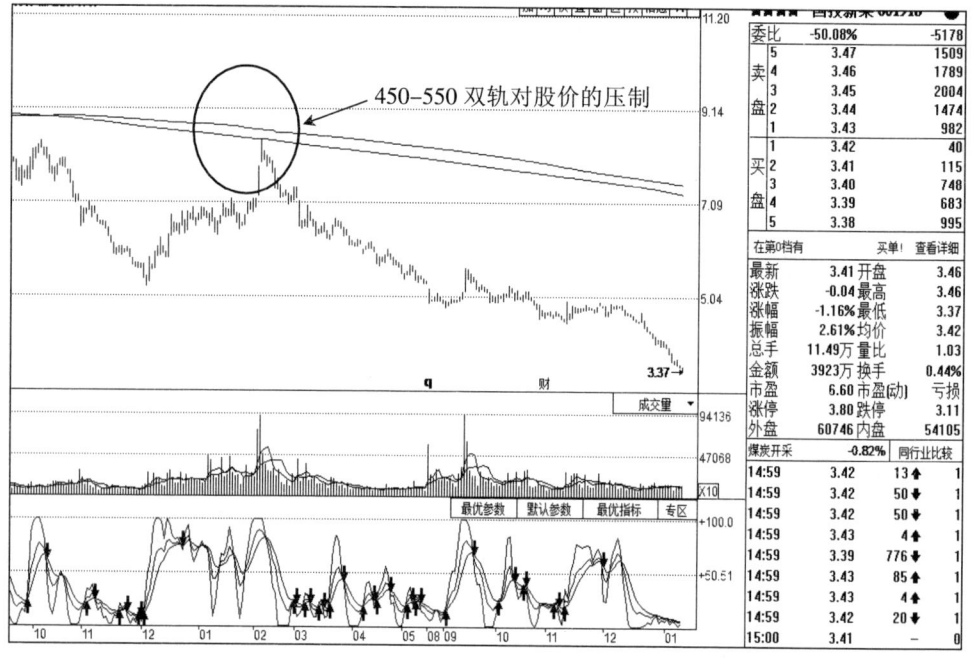

图 2-15

图 2-16 是上海梅林（600073）的价格走势图。从图中主图我们可以清晰地看到价格回踩双轨的市场走势，图中主图圈内价格有序回落，双轨近似平行，股价由下跌转为上升后突破双轨，然后再次回落至双轨附近。成交量跟随价格回落，并迅速萎缩，此时的市场含义是空头卖盘较小，市场处于典型的洗盘阶段。价格回落至双轨附近，成交量萎缩到极点，此时往往是短线的重要买入参考点。

图 2-17 是上证指数近几年熊市的价格走势图，投资者屡次憧憬市场的翻转屡屡落空，反而带来一次又一次沉重的打击，究其深层次原因是投资者对市场认知的缺乏，当希望变成毫无根据的憧憬时必将会让我们非常疲惫。投资者如果可以清晰地看到 450-550 双轨操盘模型则一切将烟消云散，市场趋势尽收眼底。

图 2-17 中的关键点，一是价格运行于 450-550 双轨之

第二章 450-550 操盘线与机构行为分析

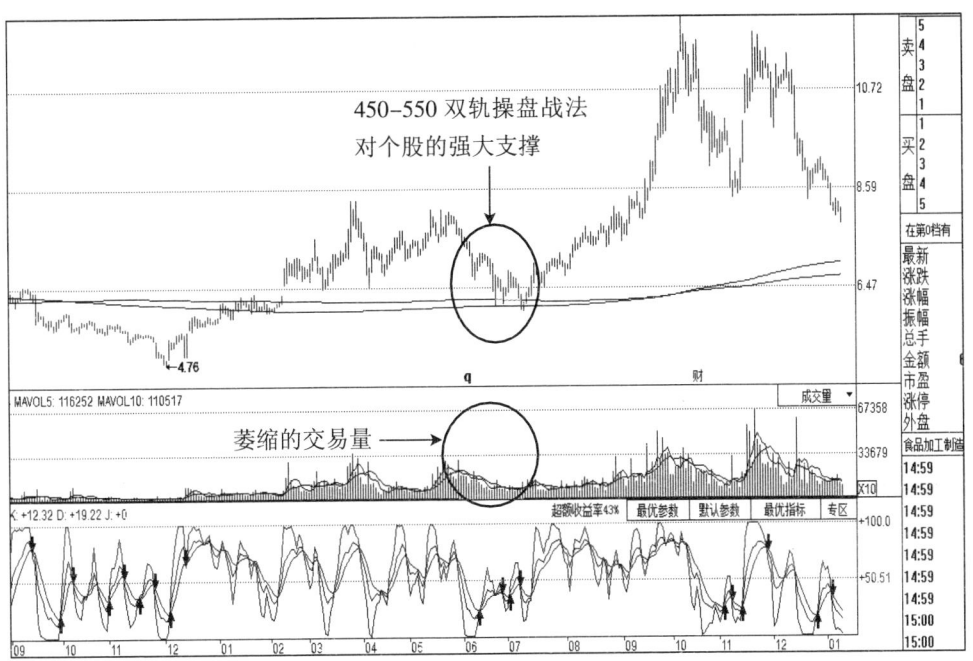

图 2-16

下,虽数次反弹触及但都被强大的空头阻力所阻碍。图中可以明确地看到双线向下的运动轨迹,450-550 线几乎呈现近似平行的下降趋势,该趋势直接提醒投资者市场空头猖獗,机构投资者以卖为主,市场观望气氛浓厚。二是尽管多头多次反攻,但当价格触及 450-550 双轨后随即就开始回落,这在很大程度上反映了多头的无力和空头的强大。当碰到该类市场模型时,投资者需要做的就是持币观望,因为 450-550 线已经为我们指明了市场发展的主要趋势,一个被机构投资者看空的趋势,势不可挡。至此投资者应该可以明白为什么我们的指数跌跌不休的缘故了吧。

以上我们为投资者列举了 450-550 双轨操盘模型中的实战案例,各位投资者可以举一反三,最终形成对市场主要运动趋势中投资机会的把握,在双轨的指引下能够在面对复杂多变的市场环境时游刃有余,胸有成竹。

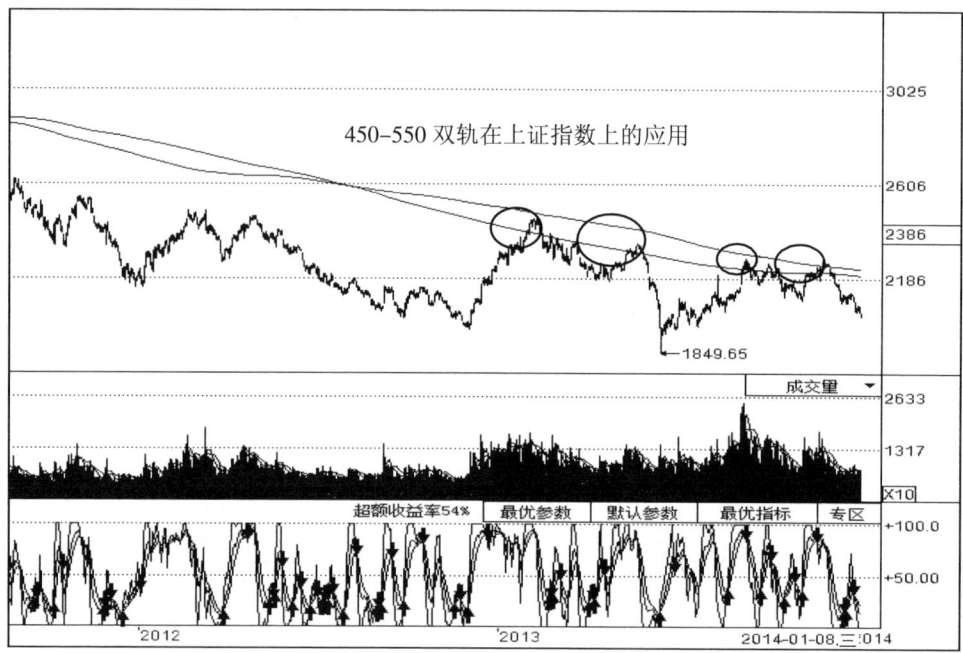

图 2-17

第 9 节
通过 450-550 操盘线的走向判断机构市场行为

通过双轨运动趋势判断主流机构市场行为是我们研究的核心课题，不论是对指数的研究还是对个股的研究，在这里首先我们要提到的观点是，任何资产价格的上涨和杀跌更多的是由机构行为所主导的，这是供求关系的基本原理。价格是由资金堆起来的，这是不争的事实，它符合商品市场的基本原理，同时遵循供求价格原理。因此监测价格波动行为更多的重点是监测机构资金的市场行为，若资金持续性流入则短期上涨可期，若巨大的成交量难以推动价格继续前进，则要万分警惕，此时的成交必然存在一个坚定的卖出方，若指数已经处于相对高位，则机构出货概率很大，风险因素增加。同理若价格的上涨并未有成交量的有效放大，此时说明市场抛盘暂时减小，同时也在警示价格的继续上攻可能面临买盘的急剧减少，一方面是心理恐高的影响，另一方面若价格一旦滞涨，抛盘就会开始涌现，很可能就会形成单边下跌。健康的量价关系是支撑价格前进的动力，此间更重要的是监测市场供应量的问题，若供应（扩容）开始明显加大，则同样会在资金面上给价格的上行带来巨大的压力，市场随时可能停滞并反转向下。而所有的这一切，通过我们的 450-550 双轨暴利操盘系统都可以一目了然地让投资者明白，市场的主要投资或者交易性机会。若双轨向上，则机构做多热情高涨，一方面说明机构已经控制了大量筹码，另一方面说明超级主流趋势是向好的，市场具备重要的投资性机会；若双轨向下则当前市场处于典型的空头市场，做空是上上之策，因为我们的系统是一个超大级别的系统，所监测的行为不但具有很大的跨度，也具备更加强悍的稳定性；若双轨水平运动，价格处于变盘前夕，需要密切关注后续发展，此时是重要的时间窗口，不仅指数如此，个股亦然。因此在实战中投资者一定要明辨主要趋势的发展，正所谓"势"不可挡，股票市场尤其如此。而形成超级趋势的背后一定是实力机构做空或者大举做多的结果，不管如何，通过双轨运动趋势变化，投资者可以直观地知晓当前的价格运动逻辑，更可以透过该超级趋势运动发现主流机构的市场行为，因为超级趋势运动的背后必然有超级主力的身影，把握了超级趋势运动也就找到了主流投资方向，顺势而为，赢尽天下。

第 10 节

窄幅横盘区间与 450-550 操盘线的玄机

投资者可以发现在很多时候我们会遇到横盘这一典型技术特征，横盘可以简单地理解为停滞不前的状态，它可能成为价格暴涨的一个起点，也可能成为价格暴跌的一个起点。因此我们总要引起高度的重视。弱势下的横盘这一市场现象，蕴含了机构高度持仓和筹码高度稳定性的市场事实，是典型的主力高控盘特征。如果价格发生在整体运行空间的中低位置，同时有效穿越 450-550 双轨操盘线，其实战可靠性将更高，是我们孜孜以求的技术形态特征。

弱势缩量窄幅横盘，是典型的超级黑马形态，其定义如下：

（1）对应目标股票与市场指数之间的关系，个股窄幅横盘而指数呈现缓慢下跌或者快速下跌之中。

（2）横盘期间的震荡幅度越小越好，其上涨与下跌幅度最好在5%以内，这样可以有效避免高抛低吸的短线行为，如果上下幅度为1%左右会更好，几乎为一条线的横盘是我们最钟情的形态。

（3）横盘期间成交量呈现萎缩的状态，这是市场抛盘枯竭的结果。

图 2-18 为爱施德（002416）的价格走势图，投资者可以看到图中的窄幅横盘，矩形区域是一个典型的横盘区，而且是相对窄幅横盘，前面买入者都处于获利状态。价格走势图下面

为上证指数对应走势图，我们看到了在大盘下跌的过程中，该股在做窄幅的侧向横盘，且成交量规律性缩小，这是典型的大盘弱势特征下的个股缩量窄幅横盘特征，随后价格有效突破450-550双轨操盘线，一路上攻，成为一只超级大黑马。此图包含两方面的内涵：一是低位横盘，二是大盘弱势下的个股横盘不跌。我们知道在大盘短期的大幅度下跌中，散户投资者的集体性行为会是坚定的卖出，但该股未见抛盘，反而价格非常平稳地处于强势整理状态。此时我们有理由相信，该股有实力机构已经控盘，主力不卖出当然就不会产生太多的抛盘，从成交量我们看到了连续的缩量特征，同时穿越我们的双轨操盘线，说明机构已经准备好了拉升前的一切工作。至此投资者应该可以理解450-550在研究主力行为上的重要作用，类似案例不胜枚举。

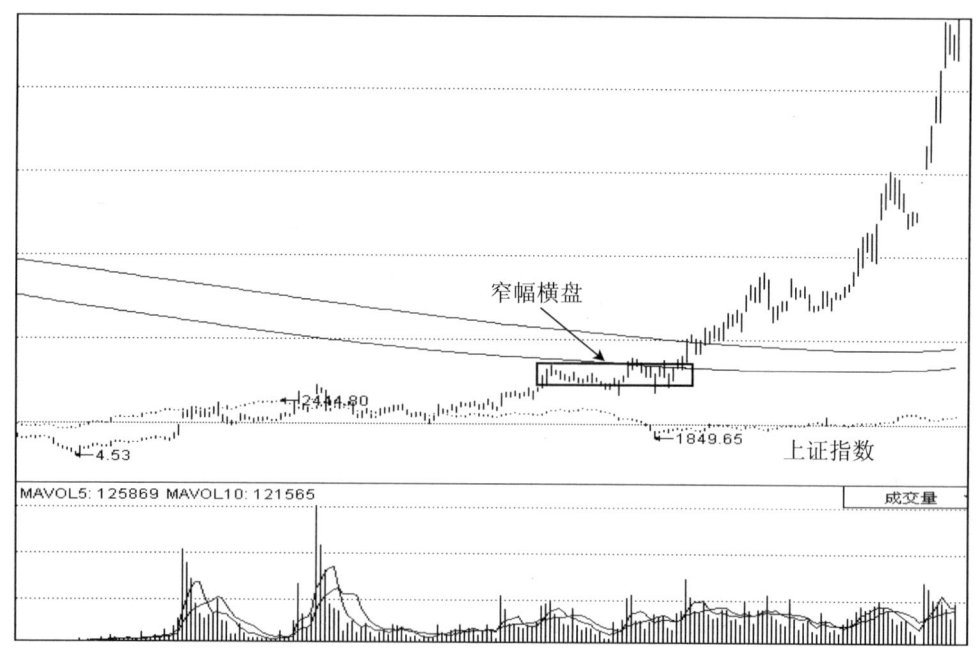

图2-18

第三章 "透过450-550操盘线上的经典K线组合形态"洞烛玄机

在使用450-550操盘线中，我们同样不能忽略经典K线组合在微观上对投资目标的提醒与扫描（微观扫描仪窗口），比如早晨之星、穿头破脚、曙光初现、黄昏之星、乌云盖顶和蜻蜓十字线等，这些基础的K线组合实战性较高，尤其在双轨操盘模型中，投资者可以透过这些微观的价格运动K线组合来发现市场可能的逆转，尤其在这些经典的K线组合出现在双轨附近或者远离双轨之时，能及时提醒我们市场可能会出现的重要投资机会与潜在的巨大市场风险。本章我们将通过10节内容一一为投资者讲述这些经典K线组合形态在450-550操盘线上的重要应用。

第1节
早晨之星经典K线组合

早晨之星的定义：早晨之星这一K线形态组合为典型的看涨形态，它由三根K线组成，一根下跌的阴线，一根十字星，或者十字线，随后出现第三根上涨的大阳线，其判断要旨是第三根大阳线一定要放量上攻，并有效穿越第一根阴线的最高点，或阴线的大部分，其看涨信号极其强烈，正如其名字一样，价格从黑暗中冉冉升起，前途一片光明。其背后的市场含义是，第一天因投资者的恐慌情绪导致价格继续下跌，出现一根较大的阴线，而第二天跳空下行，或者平开，但实体较小，形成星的主体部分，该部分既可以是阳线也可以是阴线，反映了空方的恐慌情绪得到一定的遏制，而多头的反击也最终给价格的下跌造成了抑制，股价暂时停止下跌，因此收出了星的K线，接着第三天一根大阳线拔地而起，收复第一天阴线的大部分失地，至少超越其实体部分的2/3，此时显示多头反攻能量强大，多头热情高涨，为后市看涨的强烈信号。下面我们就通过案例并结合450-550操盘线来为投资者讲述其重要的实战价值。

图3-1为国金证券（600109）价格运行图，我们从图中可以清晰地看到价格的运动行为，图中圈内为典型的早晨之星K线组合，如同我们上面所讲到的该形态构成，它由三根

K线组成,一根大阴线,一根十字星或十字线,还有一根收复下跌大部分失地的大阳线。

而此时所发生的市场现象最为重要的是该形态出现在我们的450-550线之上,价格在我们的操盘线上神奇地止跌企稳,我们知道450-550操盘线对股价运行具有重要的影响,任何价格运动接近该线都将会产生重要的阻碍或支撑作用,在上一章我们曾重点介绍过其用法,尤其对于长期趋势的追踪和市场多空力量的透视,450-550操盘线始终在隐形发挥着重要的作用。

图 3-1

图3-1中该经典组合奇迹般地出现在450-550双轨之上,再次加强了其转市信号的强烈性。随后出现后势看涨的经典K线形态,该股与指数再次形成鲜明的逆势对抗走势,走出了独立的拉升行情,那么就该股而言,其展现给我们的最大

市场信号包括两组：其一，出现经典 K 线组合早晨之星；其二，出现在 450-550 操盘线之上，因此最终造就了该股的飙升行情。在我们看来，双剑合璧，两者组合完美无缺，缺一不可。

操盘买入要点：

（1）发现一组经典 K 线组合——早晨之星。

（2）该经典形态出现在 450-550 操盘线之上并止跌于操盘线上或者操盘线附近。

（3）在价格回落中成交量规律性萎缩。

其理论逻辑如下。在研究分析股价构造中，我的观点是首先要从宏观入手，由宏观进入微观，最后达到两者完美统一的状态，而后再采取行动。就该股而言，首先我们看到的是 450-550 操盘线水平运动并开始向上抬头，此乃市场主要趋势逆转的重要信号，也是市场资金囤积完毕随时发起总攻的关键时期。而在价格放量有效穿越操盘线之后，我们看到了连续的回档，该回档为典型的机构洗盘动作，从回档中成交量规律性萎缩的量价关系中，我们可以判断其为首次拉升试盘后的回档洗盘动作，因为此时机构几乎无任何出货条件和出货空间，随后价格止跌于 450-550 操盘线之上，并出现早晨之星的经典看涨转势信号，此乃投资者把握买入的绝佳时机。但请记得在买入决策时投资者不可忽略我们提到的三点中的任何一点，这是构成股价反转或者是反攻的最为稳定的信号组合，三者缺一不可。

第 2 节
穿头破脚经典 K 线组合

穿头破脚 K 线形态由两根 K 线组合而成，若出现在底部，则后面一根大阳线必须完全包容前一根 K 线。若该形态出现在底部区域则为典型的看涨形态。而若出现在价格连续暴涨后的顶部区域，则需要第二根阴线完全包容第一根阳线，为顶部穿头破脚，此乃趋势转市的重要信号。在实战中，若第二根 K 线放量超过前一根 K 线形成的量，则代表多头或空头有更强烈地攻击意愿。

在这里我们就底部看涨的穿头破脚形态在 450-550 操盘线上的实战应用与投资者做一重要介绍。

图 3-2 为申达股份（600626）价格运行图，尽管指数一路下跌，但该股在 2013 年 8 月 27 日价格以穿头破脚的 K 线形态穿越 450-550 双轨压制后一路逆势上涨，在主板的熊市中一枝独秀，其后不断挑战新高。

操盘买入要点：

（1）在价格运行的底部区域出现穿头破脚的 K 线形态。

（2）该形态有效穿越 450-550 操盘线压制或在双轨附近获得支撑。

在该案例中，首先我们发现了价格对双轨的穿越行为，这是一个市场力量由囤积到爆发的过程，也是市场转势的重要信号。图中圈内我们看到的是一个典型的穿头破脚 K 线形态，该形态为典型的看涨形态，由两根 K 线组合而成，后面一根大阳线完全包容前一根 K 线。且该形态又出现在双轨之上，其意义更加非凡。该股价格其后出现了连续的强势上攻行为，在 450-550 双轨操盘线上发现该经典 K 线组合，且伴随上证指数的连续下跌，更能判断出个股的强势机会。投资者同样需要注意的是，底部穿头破脚形态首先是一个重要的看涨形态，但让其如虎添翼并能够在很大程度上提高其稳定性的唯一依据就是该形态必须出现在 450-550 操盘线之上，或者是对操盘线的有效放量穿越行为，或者是回档至操盘线获得支撑，两者缺一不可，实战中投资者可以举一反三，深刻领悟。

图 3-2

第3节
曙光初现经典K线组合

曙光初现K线形态的定义：它由两根K线组成，第一根为下跌的阴线，第二根为阳线，判断要领是第二根阳线向下跳空低开，开盘价低于前一天的收盘价，并且阳线的收盘价深入第一根阴线的实体中，并超过实体的一半，此K线组合即为曙光初现的K线形态，为典型的看涨形态。下面我们就结合450-550操盘线再次透视该组合的巨大实战价值。

图3-3为号百股份（600640）的价格运行图，图中我们可以清晰地看到价格在穿越450-550双轨操盘线后进行的整理行为，在其末端伴随着成交量的萎缩，我们发现了一组曙光初现的经典K线组合，随后该股一路上攻，在不到两个月的时间里涨幅超过300%。

操盘买入要点：

（1）在价格运行的某一区域出现曙光初现K线组合。

（2）该形态出现在450-550操盘线之上较近的区域内，一般以10%之内为上。

从号百股份的走势来看，首先我们发现价格有效穿越450-550双线压制，随后进入整理，伴随着成交量的萎缩在其末端出现了一组经典的曙光初现K线组合（在图3-3中的圈内），在该案例中，曙光初现形态出现在具有强大威力的

450-550 双线之上，其可靠性被再次加强，随后该股的大幅度上涨再次证明了 450-550 操盘线的威力。由此又一次印证了经典 K 线组合在双线之上出现的微观买入机会。在实战中，投资者需要注意的就是坚决按照我们的操盘买入要点行动，缺一不可。

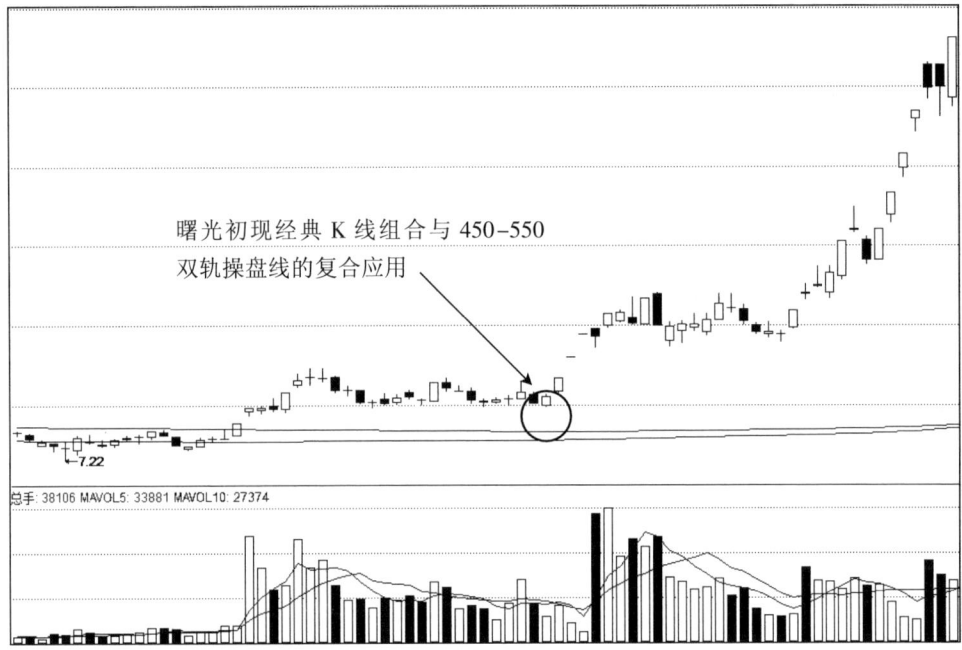

图 3-3

第4节
蜻蜓十字线经典 K 线组合

蜻蜓十字线的定义：它由单根 K 线组成，可以为阳线，也可以为阴线，要领为开盘价与收盘价相同，且下影线较长的 K 线组合。蜻蜓十字线是最常见的经典 K 线组合形态，常出现在行情的起点或末端，是市场不稳定性信号。接下来我们重点讲述一下出现在 450-550 操盘线之上的蜻蜓十字线的实战应用。

图 3-4 为卫士通（002268）价格运行图。从图中圈内我们可以清晰地看到几个蜻蜓十字线的经典 K 线组合，其在 450-550 双轨上获得支撑，随后价格一路上攻，尽管指数一路下挫，但该股短期内实现翻倍，为跟随者带来丰厚的投资回报。

操盘买入要点：

（1）在股价运行的底部区域或者上涨初期的中继区域出现蜻蜓十字线。

（2）该线必须出现在 450-550 操盘线之上，且距离操盘线越近买入实战价值越高。

在该案例中，其带给我们最大的微观信号是价格在 450-550 操盘线上获得强劲支撑，出现多个蜻蜓十字线的 K 线组合，当价格能够有效穿越 450-550 操盘线时，价格背后的市场逻辑前面已作介绍，此处不再赘述，而此时我们发现价格在回档中多次获得支撑。就投资来讲，此时我们已经掌握了两组重要的投资买入信号：其一，股价已经有效穿越450-550操盘线；其二，在操盘线上出现经典K线组合蜻蜓十字线，双剑合璧，稳定性极大提高，因此可以作为重要的买入参考信号。

图 3-4

类似的经典K线还有十字星，也是一个非常常见的单K线形态。碰到十字星，请谨慎，只有鲁莽的投资者才会匆匆进入。等待下一步的突破不失为明智之举。我们知道十字星意味着多空暂时的交战平衡，是不确定性信号，而最终的价格取决于突破方向。如果价格处于趋势通道的上升轨道中，且伴随巨大成交量，请警惕，风险性回落将随时发生；如果价格运动前方已经出现市场抛盘的巨大阻力，且价格已经跌穿趋势线，短线上请坚决离场，此时的十字星已经在向我们表明原有价格动力学运动将暂时告一段落。

而若该十字星出现在450-550操盘线之上，并获得有效支撑，则在其突破后将会带来重要的买入机会；若该十字星出现在双轨之下在接近或者受阻于450-550操盘线压制，则为短线重要的离场信号，市场有可能随时涌现抛盘。

第 5 节 上吊线经典 K 线组合

上吊线的定义：上吊线是带有长下影线（上影线很短），而无上影线的 K 线，若该线出现在价格上升之后，是股价滞涨的重要信号；如果该线出现于一个下跌趋势末期，将形成锤形线，是止跌的明确信号。

图 3-5

如图 3-5 所示，该图为上海机场（600009）的一段价格走势图，从图上我们能够明确地看到两个上吊线，它们有着长长的下影线，很小的实体，实体处于整个价格区间的上 1/3 处，是典型的上吊线，随后第 3 日价格开盘即跌穿下影线，最终跌穿趋势通道，开始了漫漫熊途。

操盘要点：

（1）在价格运行的顶部区域出现上吊线 K 线形态。

（2）价格偏离 450-550 操盘线较远，一般偏离超过 30%，此时出现上吊线将有短线洗盘或者行情陷入整理的风险。

我们知道上吊线是买盘严重不足的市场信号，在图 3-5 中我们看到了价格运行出现了一组上吊线形态，而该形态偏离 450-550 操盘线较远，同时出现不规则的放量滞涨态势，其背后的市场意义即买盘严重不足，价格开始动摇，是多头受到冲击的市场信号，同样也说明了卖盘的汹涌。而此时又偏离 450-550 操盘线较远，因此其风险不言而喻，投资者在实战决策中不可有任何疏忽，严格按照我们的操盘要点行动，则有望规避掉不必要的市场风险，因此它像是一个微观的技术指示器，提前告诉我们价格运动开始受到了阻碍，危险会随时发生。该形态出现的背后同样伴随的是其偏离我们的 450-550 操盘线已经较远，股价随时回落的风险再度加大，投资者不可不察。

第 6 节
墓碑经典 K 线组合

墓碑 K 线组合的定义：墓碑 K 线组合一般出现在行情的顶部区域，该线有较长的上影线，较小的实体，或者干脆没有实体，只是一根线，它的形状酷似墓碑，因此我们将其称之为墓碑之星，是价格运动受到阻击的重要信号，它的变形可以称作射击之星线，是价格动力学严重受阻的回落信号。

下面我们就墓碑 K 线组合与 450-550 操盘线的实战应用与投资者展开探讨。如图 3-6 所示。

图 3-6 为兖州煤业（600188）的走势图。从图中箭头处我们可以看到一个近似的墓碑十字星，随后价格开始了受阻回落，形成短期头部，随后开始了漫长的调整。

操盘要点：

（1）在价格运行的顶部区域出现墓碑 K 线形态。

（2）该 K 线形态出现后股价偏离 450-550 操盘线超过 30%的区域。

从该股的价格运行图来看，我们看到其在价格连续的拉升偏离 450-550 操盘线的过程中出现了一个放量的墓碑 K 线形态，此时单就该形态来说，是价格受阻的重要信号，而同样的该形态出现在我们的 450-550 操盘线之上，我们知道价格对操盘线的上穿代表机构建仓已经完成，而从该图来看，

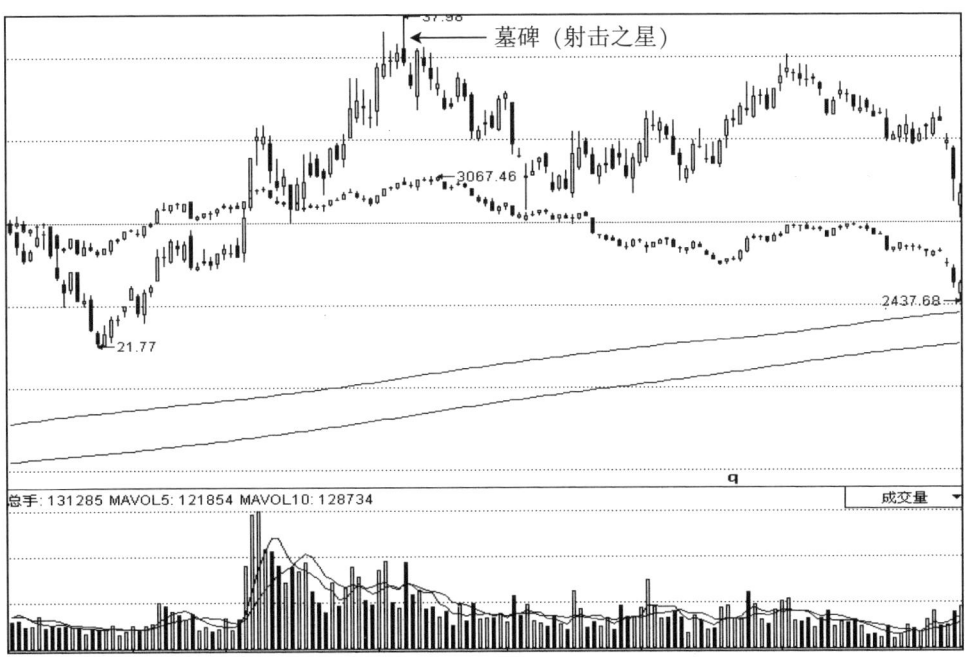

图 3-6

股价已经上穿并偏离操盘线超过 50%，此时的市场内涵是机构投资者已经获利匪浅，随时可以寻找机会或者制造题材来完成派发，股价已经进入相对的风险区域，因此作为投资来讲，我们需要万分警惕。因为机构已经具备出货空间和出货条件，若要参与，一定要从微观的 K 线窗口再度加以严密监测。就该股来讲，我们所看到的双重风险是：第一，股价偏离 450-550 操盘线空间较大，机构随时可以派发；第二，在价格运动中出现典型的放量的墓碑见顶信号，因此我们的决策必然是规避风险，而不是继续追逐不确定的价格运动。

第 7 节
高博线经典 K 线组合

高博线的定义：高博线是价格在前进动力受到严重阻碍的情况下，出现的由十字线、变形十字线等组成的一组 K 线组合，是典型的反转形态，其反转可靠性极高。实战中当碰到一组高博线后，价格会随时将发生反转。下面我们就高博线结合 450-550 操盘线的实战应用与各位朋友一起探讨。如图 3-7 所示。

图 3-7 为兖州煤业（600188）的走势图，我们可以看到在图中的箭头所指示的价格变动，该形态价格走势由 8 根十字星线组成，这是典型的高博线特征，价格很难继续向前运动，前进动力受到严重障碍，随后价格开始了发泄性暴跌。再来观察它与 450-550 操盘线的关系，远离我们给定的操盘线，随时见顶回落将是大概率事件。但当该形态出现在价格低位时，一旦向上突破则反攻向上的概率也将会加大。

操盘要点：

（1）在价格运行高位出现高博线 K 线形态。

（2）价格偏离 450-550 操盘线超过 30%。

从图 3-7 兖州煤业的案例来看，首先我们看到了股价已经大幅度偏离 450-550 操盘线，价格偏离值达到一倍左右，在我们的决策模型中，鉴于我们对大额资金操盘的要求，因

第三章 "透过450-550操盘线上的经典K线组合形态"洞烛玄机

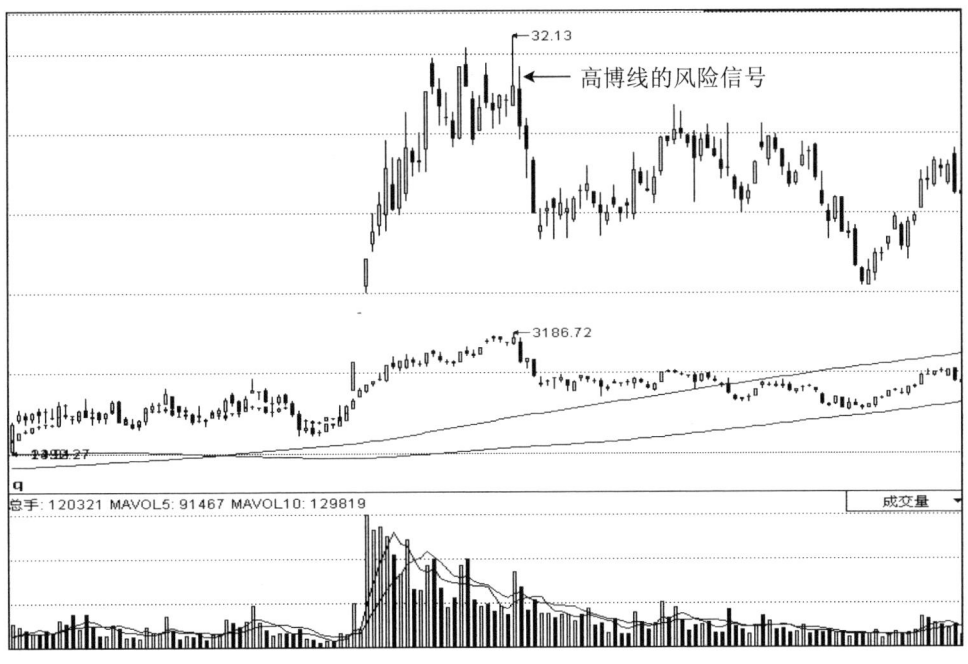

图 3-7

此我们将股价上穿偏离450-550操盘线超过30%的区域都定位为风险警戒区，股价一旦进入该区域，我们会万分警惕，因为此时随时可能的风险将会出现。前面我们讲过，就机构行为来讲，该区域将是多空交战的重要区域，不确定性将随时增大。不确定性代表着风险，因此我们就需要从微观上来进一步判断行情可能的变化。就该股来讲，我们看到价格在连续暴涨偏离450-550操盘线后出现了一组高位震荡的高博线K线组合，此时的市场信号是，价格前进已经受到巨大的阻碍，反转随时发生。而此时的股价已经偏离机构的建仓成本区域一倍以上，机构出货条件出货空间完全具备，因此完全符合我们短线出局的操盘要领，由此规避风险也成为我们决策的第一要务，实战中投资者需深刻领悟我们对风险的重视。

第 8 节
孤儿形态经典 K 线组合

孤儿形态我们也可以理解为岛形反转，它由 3 根 K 线组成，也可以由多根 K 线组成，而最外面的就扮演岛的角色。当然最大的特点是 K 线之间存在价格缺口，下面我们就孤儿形态与 450-550 操盘线的实战应用与各位投资者进行深入交流。如图 3-8 所示。

图 3-8 为中国船舶（600150）的价格走势图，投资者可以清晰地看到该岛形反转形态由 5 根 K 线组成，实战中其可靠性极高。该形态出现后价格开始了连续暴跌。在该图中我们看到价格正在触及 450-550 双轨操盘线重要压力线，此时为短线投资者的重要卖出机会。

操盘要点：

（1）在价格运动图表中出现岛形反转 K 线组合。

（2）该岛形反转图形出现在碰触 450-550 操盘线之时，若该形态出现在下跌行情的末端且在 450-550 操盘线上获得支撑，则再度反攻也将几乎为必然。

就中国船舶的价格运行图来看，我们看到了发生了两个重要的市场现象：其一，价格运动出现岛形反转的形态特征；其二，价格在操盘线之下向上运动触及 450-550 操盘线。我们知道本书一个重要的指导思想就是，若价格运动在操盘线

第三章
"透过450-550操盘线上的经典K线组合形态"洞烛玄机

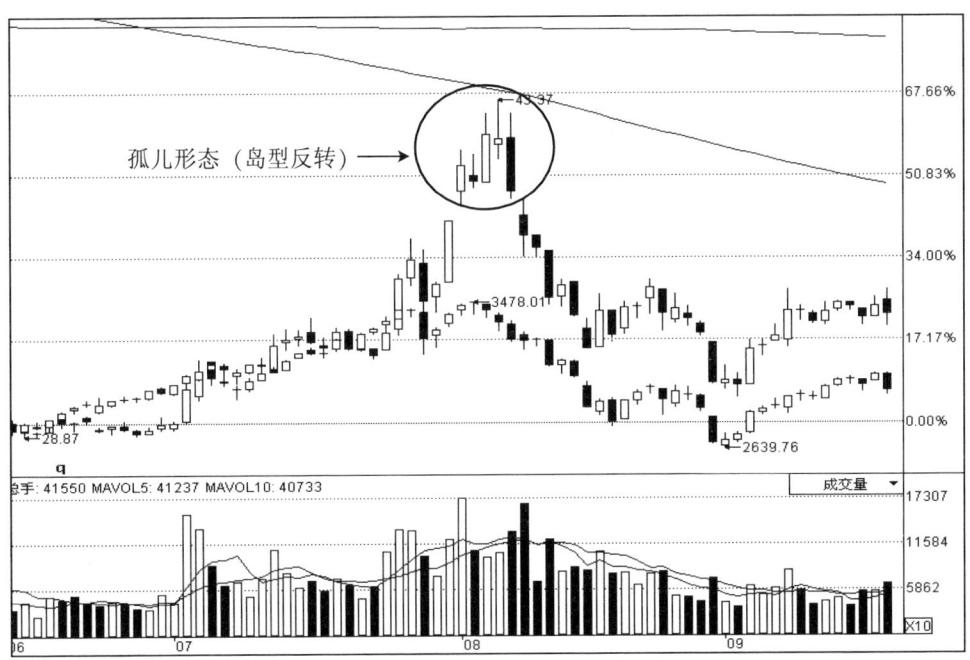

图 3-8

之下，我们的观点是一律视若无睹。就该股而言，首先在强有力的价格上涨冲击中，很多投资者会误以为该股即将连续爆发大行情，因为其走势非常凌厉，成交量同样活跃，但是我们的操盘线始终在隐形的影响着市场的运动，所以到价格运动接近触及450-550操盘线之时，市场发生了转势，此时从K线形态我们看到了典型的岛形反转。从450-550操盘线来看，价格运动受阻于操盘线，因此作为熟悉我们投资思想体系的投资者，此处的一致性行动必然是做空，因为重叠的技术信号的威力是巨大的。而若能够深刻认识我们操盘线的投资者会让投资行为更加有章可循。

第 9 节
孕育线经典 K 线组合

孕育线的定义：它由两根 K 线组成，第二根 K 线完全被第一根 K 线所包容，犹如一个怀孕的孕妇，有点摇摇欲坠的感觉。孕育线也是我们常见的形态，它同样具备很高的实战价值，孕育线包括很多，如 T 字、十字孕育线等。下面我们就孕育线与 450-550 操盘线的实战应用继续与各位投资者一起探讨。如图 3-9 所示。

图 3-9 为富安娜（002327）的价格走势图，图中圈内我们可以明显看到出现了一个孕育线，而此时价格处于 450-550 操盘线的 550 线压制区，前进动力开始逐渐消失，随后跌穿侧向交易区，价格一路下滑，而该形态最重要的现象是再度受阻于 450-550 操盘线的压制之下。

操盘要点：

（1）在价格运动中出现孕育线。

（2）该形态出现在 450-550 的操盘线附近或者触及操盘线，若该形态在操盘线上方获得支撑，则有反转的信号，若在操盘线下方遇阻回落，则短线转市也将几乎成为必然。

就富安娜案例来讲，我们首先看到的依然是 450-550 操盘线处于典型的下降趋势之中，而价格运动于该线之下，此时我们的决策行为是几乎对该类个股可以视而不见，但可惜

第三章 "透过450-550操盘线上的经典K线组合形态"洞烛玄机

图 3-9

的是更多的投资者不但不熟悉典型的经典K线形态，更不知道我们的450-550操盘线的威力，因此在投资上屡屡受挫。从该股来看，同时出现的另一信号是价格虽有力触及450-550操盘线，但终以失败告终，可见操盘线对价格压制的巨大阻碍。就该股决策来讲，我们的思路是，价格向上运动到操盘线之时，一旦出现经典看跌头部K线组合，则需要当机立断地反手做空。因为此处不仅仅是一个技术信号，更重要的是价格的运行触及了巨大的市场主要趋势力量。我们始终认为，没有持续的囤积和敢于巨量有力度的穿越450-550操盘线的行为都是不稳定的市场信号，不稳定或者说不确定即代表风险，因此投资者在看到上述市场现象和信号后，请记得严格参考我们的操盘要点。

第10节
三重顶经典形态组合

三重顶的定义：三重顶也称作三个和尚，其形态显示价格的每次反攻都是微弱的，最终形成三重顶，随后价格大幅度下跌将几乎成为必然。该形态也可以理解为一个复杂的三角形顶点形成的过程。如图3-10所示。

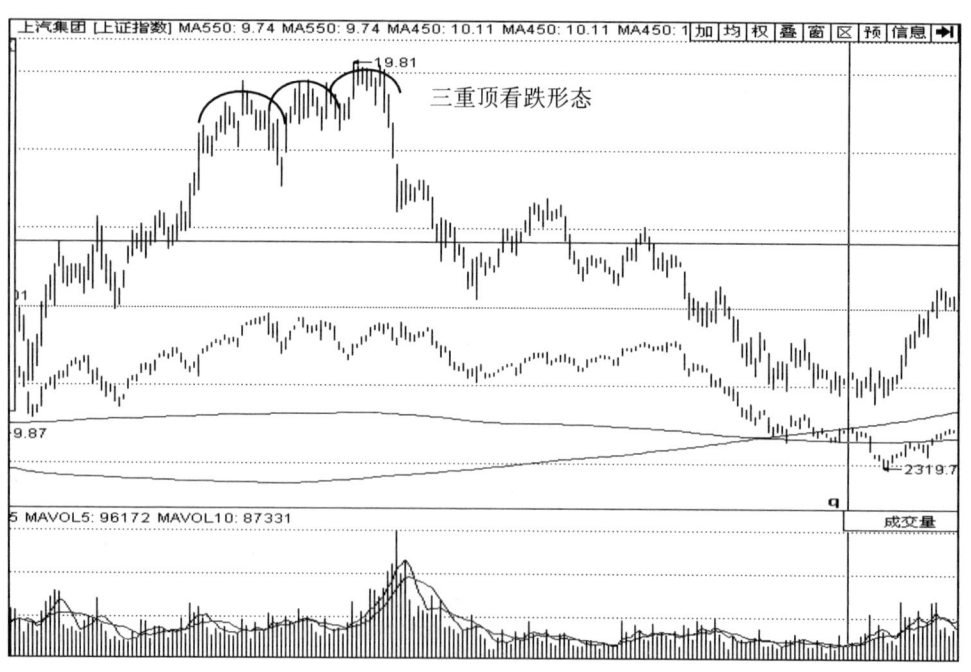

图3-10

图 3-10 为上海汽车（600104）中出现的三重顶形态，投资者可以清楚地看到这一顶部形态的威力，它同样可以从另一个层面为我们透露市场价格动力学受到阻碍的市场信号。

操盘卖出要点：

（1）在价格运动图形中出现三重顶的形态组合。

（2）出现该形态时价格已经偏离450-550操盘线超过30%。

就上海汽车案例来讲，我们看到的两个能够让我们卖出的依据就是，价格在连续上涨后出现三重顶的看跌形态，该形态是价格前进受到阻碍的重要信号，也是市场抛售增加的信号，而此时更为重要的市场信号是股价已经严重偏离450-550操盘线，我们知道股价一旦偏离机构的建仓成本区空间过大，则随时有派发的可能。就该股来讲，股价在远离操盘线的过程中同时出现了顶部孕育线的技术信号，双重风险显现，及时撤离即为上上之策。

以上我们简单地从经典 K 线组合与 450-550 双线的复合中为投资者简述了其重要的发现超级黑马的宏观微观窗口和实战应用。经典 K 线形态不胜枚举，如旭日东升、红三兵等，当然还有很多变异形态，投资者可以反复研究与 450-550 双轨操盘线加以复合使用。关于更多的经典 K 线组合与双线复合战法我们就不再一一说明。

第四章 450-550操盘线与成交量的珠联璧合

在450-550双轨交易战法中,我们同样非常重视成交量对市场的影响,两者有效结合,相得益彰,必然会为我们复杂的投资加上双重保险。

本章我们通过案例来分析成交量与450-550结合使用的实战投资方法。

第1节

价格上穿平行450-550双轨后的缩量买入法

如图4-1所示。该图为平安银行的一段价格走势图，图中圆圈所在位置为典型的价格穿越450-550双轨区域，而价格穿越450-550双轨即意味着多空能量的彻底性转变，多方力量正在崛起，此时为投资者短线或者中线重点参与的关键

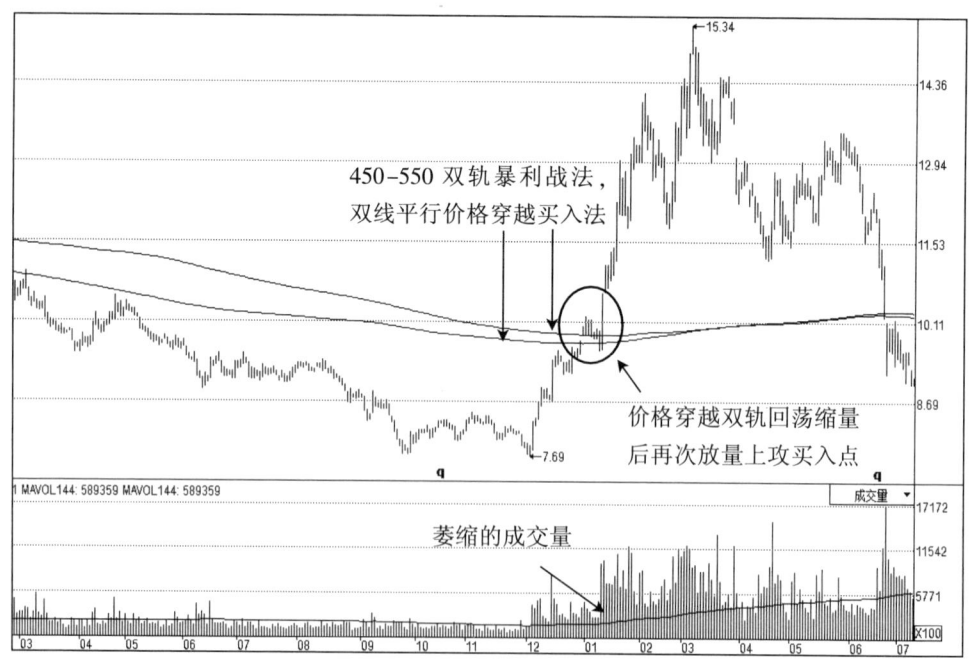

图4-1

第四章
450-550操盘线与成交量的珠联璧合

性时刻。我们看到价格穿越后接着出现了回档,在回档中投资者需要重点参考成交量的变化,价格回档后我们发现成交量迅速规律性萎缩,而萎缩的成交量代表了卖盘的减少,此时即是我们投资的最佳时机,而最为关键的买入点是成交量的突破再次放大的一刹那,如图中圆圈所标注的,随后该股连续出现了快速上攻,投资者获利匪浅。

实战买入要点:

(1) 价格突破平行的450-550双轨线。

(2) 成交量规律性萎缩后再次放量上攻。

(3) 价格震荡穿越450-550双轨后的放量启动。

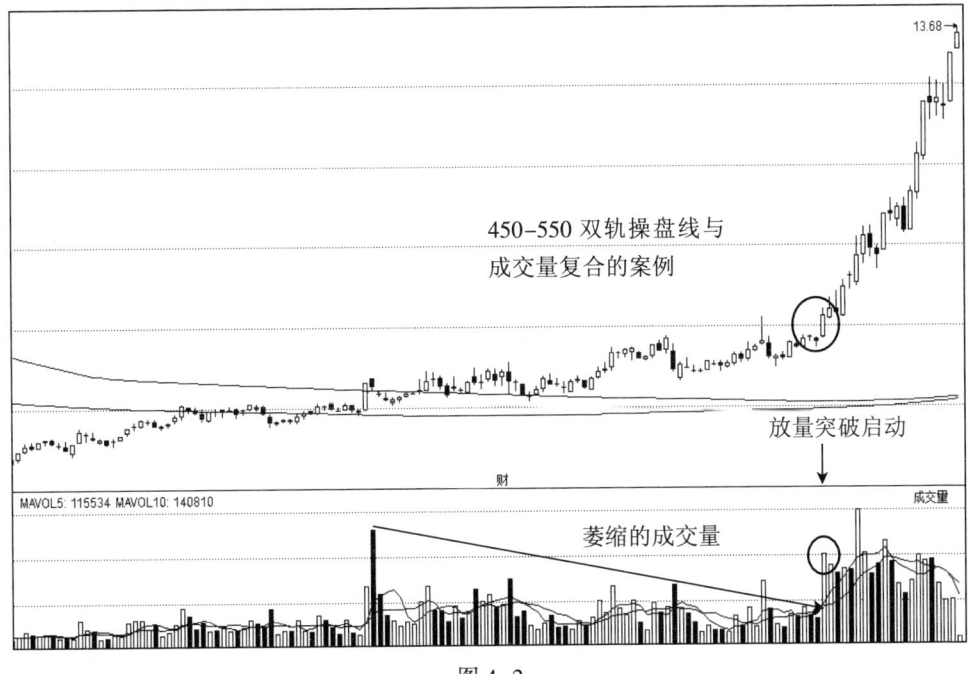

图4-2

图4-2为泰胜风能(300129)的价格运行图。从图中我们可以清晰地看到圈内的放量突破启动态势,随后该股一路飙涨,而其成交量背后的市场行为说明主力为大幅上涨做好

了一切准备。

操盘要点：

（1）价格震荡上行突破450-550双轨。

（2）在价格的震荡上行中成交量不断萎缩。

（3）价格在成交量的放量态势下突破启动。

从该股的图形中我们可以明确地看出，催生该股连续性飙涨的根本性因素是机构的高度控盘，透过成交量我们可以一目了然地发现该股的机构高控盘状态。而价格首先穿越450-550双轨操盘线是我们在任何时刻决策的第一步，此市场行为说明机构的连续性建仓动作已经接近尾声，价格已经开始扭转，市场囤积了大量的能量，爆发将随时发生。而在价格穿越450-550双轨操盘线时采用的方式几乎是碎步向前，缓慢推进。随后我们看到一个明显的市场行为是，成交量在价格的上升中逐步呈现萎缩的态势，此时的市场含义已经非常清楚：第一，价格穿越双轨证明机构已经完成大量筹码囤积，反转启动随时开始。第二，价格在缓慢推进中成交量规律性萎缩，说明价格的上涨不需要成交量的推动，此乃机构高控盘的典型特征，即机构控制了大量市场筹码，场外筹码很少，因此价格的推进几乎不需要成交量的支撑。大量筹码掌握在机构手中，只要机构不卖出，市场的抛盘就会变得非常稀少，因此缩量上攻自然就在情理之中。第三，图中圈内价格在突破前期高点时成交量迅速放大，再一次说明了机构坚决做多的市场信号。由此，我们通过三个方面来论证了该股的机构高控盘状态，即发现了超级黑马，随后该股的飙涨也就很自然了。

第 2 节
450-550 操盘线上的量价齐升买入法

图 4-3 为上海钢联（300226）的价格运行图。该股在进入我们包围圈后 3 个月的时间里股价上涨超过 4 倍，短期为投资者带来了丰厚的投资收益。

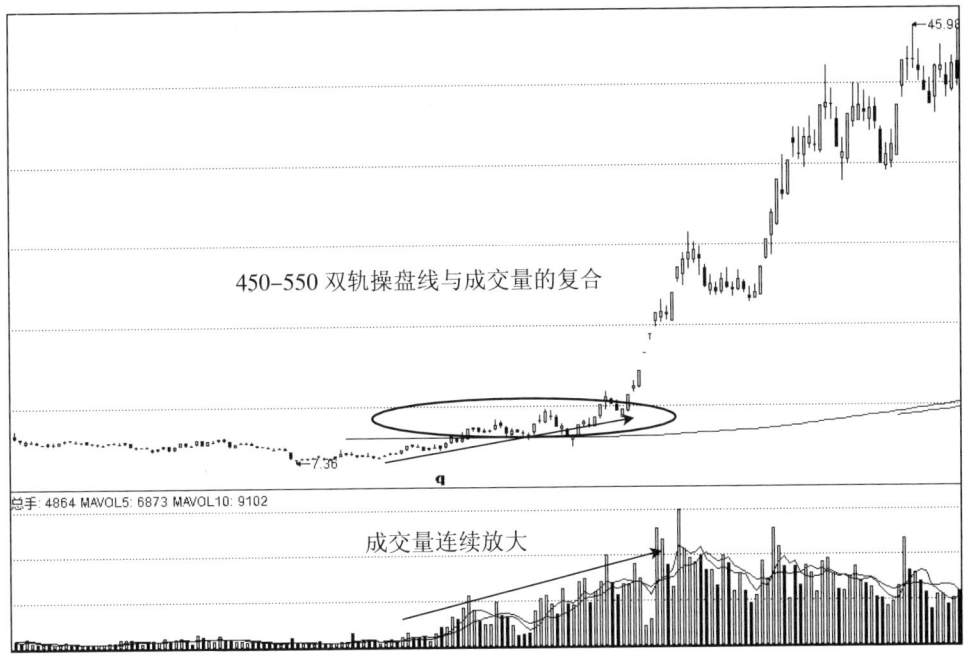

图 4-3

操盘要点：

（1）价格放量穿越450-550双轨操盘线。

（2）量价齐升，价格在推进穿越过程中成交量迅速放大。

我们结合成交量来再次分析一下该股的运行密码。价格在穿越450-550双轨时成交量急剧放大，如图中圆圈内对应的成交量变化，此时的市场行为说明机构建仓已经完毕，利用疯狂的高频换手和震荡彻底打掉跟风盘，随后进入了飙升，其关键点在于：首先是成交量连续爆发性放量推动价格穿越450-550双轨操盘线，价格运行态势是量价齐升，因此也是典型的实力机构操盘所为；其次是该股随后的走势再次证明了我们的技术判断，短期涨幅超过4倍，成为熊市中一道靓丽的风景线。

第3节
高成交量个股——黑马的摇篮

俗话说，有量就有庄。在实战中我们看到更多的现象是量在价先，即在价格有力度上攻的前夕，必然有过长久的成交量堆积或者放量行为，但单就成交量来讲，似乎在投资者的印象中更多的是一个宽泛的概念。究竟多大的成交量堆积才能产生黑马？投资者始终未能找到更加量化的模型来对成交量的堆积做接近事件真相的诠释。在多年的投资实战中，投资者似乎终究不能将成交量的奥秘彻底发掘出来。在这里我将用成交量与450-550操盘线之间的辩证关系来逐一为投资者揭开高成交量个股的重要市场意义，以及能够成为黑马的重要依据。

1. 高成交量累积是诞生超级黑马的基础性条件

在我们的投资中经常会发现有两种极强势运动的个股形态，一是角度超过60度的价格强势上攻；二是价格以超越70度的弧线轨迹运行。从成交量来说，究竟在此类暴涨的黑马背后隐藏了什么重要的市场信息？而我们平时也喜欢将超级黑马称为具有超级流动性的个股，最为重要的表现形式是，高成交量一旦堆积完毕也就是机构建仓完成，则操盘手往往会采取坚决快速的脱离成本区的手法来启动行情，采用连续的上攻方式吸引并培养散户惯性思维。在价格连续拉升攻击阶段，主力操盘手更多地会采用每日开盘后轻微回档洗盘的方式，然后马上再度封死涨停，这也是机构为抑制散户抛盘的主要操盘套路。其意义在于尽量减少拉升成本，最终达到采用快、急、冲的操盘手法完成拉抬出局的目的。一旦价格达到预先设定的出货价格区域，在培养和吸引跟风盘汹涌而入的前提下随即开始顺势出货。综观此类价格飞涨图形，我们发现了惊人的相似之处，即大多数该类股票都属于单庄股，或者游资所为，而在基金重仓股中出现此类拉升的图形可谓凤毛麟角，这是利益约束的结果。没有人愿意利用巨大的资金为别人抬轿，这是博弈市场的根本格局，但对游资与单庄股来讲，更容易步调一致。在目标股票的选择上，该类形态更多的出现在中小市值的个股中，大盘股难度较大，因此短线我们更喜欢出击高速行进的单庄、中小市值股，它可以更大限度地提供短线暴利机会。但究其根本，其价格暴涨之前，始终难以脱离的是需要成交量的堆积，即高成交量是其爆发的导火索，也是其利益得以实现的基础。因为对于机构来讲，只有在低位掌控大量的市场筹码，才有机会在高位套现后达到超级收益的终极目的。所以，研究高成交量个股行为，也是研究机构的建仓行为，再复合450-550双轨操盘线对机构行为的双重监控，我们的投资必然会变得更加理性和富有成效。

下面通过案例的方式来逐一为投资者揭开成交量的奥秘，尤其对具有高成交量个股的启动点的判断上，我们的450-550操盘线会再次让投资者对如何捕捉、发现超级黑马有一个更加深刻的认知，如果说高成交量是黑马的摇篮，那么我们的450-550操盘线即会告诉你黑马将何时出"篮"。

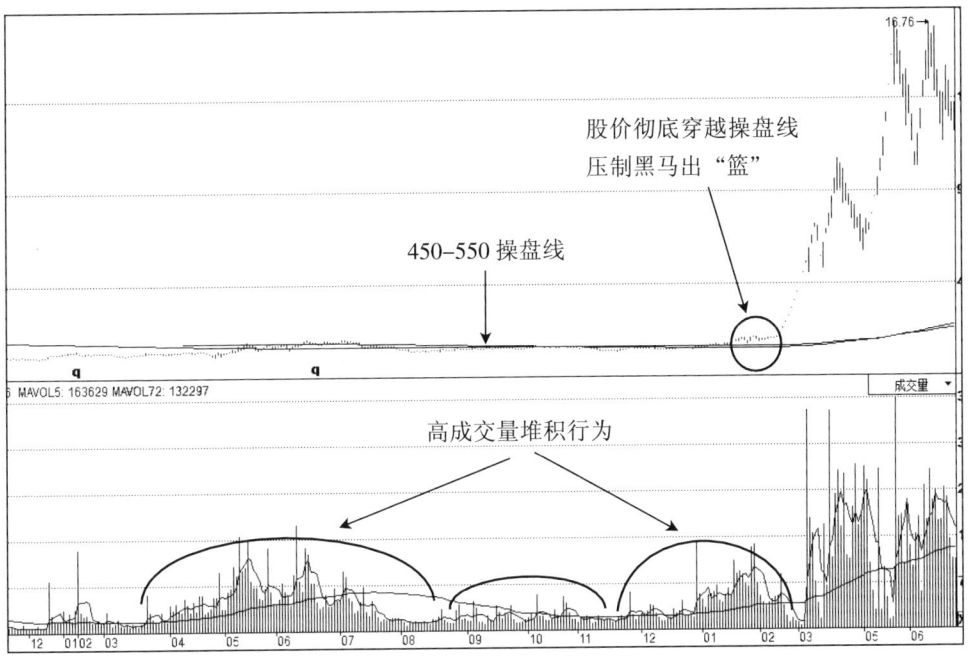

图 4-4

图 4-4 为杭萧钢构（600477）的一段价格运行图。投资者可以清晰地从该图上看到超级黑马诞生的基础性条件，即高成交量的堆积过程，而该黑马到底何时爆发，投资者可以看到我们的 450-550 操盘线在监测其出"篮"时机的威力。

操盘要点：

（1）股价长期低位震荡或者横盘，其周期因市场环境与个股筹码结构不同而不同。

（2）在股价震荡的过程中，必须伴随着持续不间断的成交量堆积行为，此行为的背后必然是机构增持的结果，否则难以形成如此之大的成交量持续性堆积。

（3）判断成交量堆积完毕，即黑马出"篮"的重要参考依据就是我们的 450-550 操盘线。

那么就该股的市场行为逻辑我们展开叙述，首先高成交量是黑马的摇篮在该股上体现得淋漓尽致。该股主升浪爆发之前，我们看到的市场现象是股价长期的低位横盘，伴随期间成交量不断的放大，具体表现形式是价升量增，价跌量减，其市场背后的市场行为是机构正在完成筹码的收集过程。因为价格下跌的过程中成交量迅速萎缩的状态所反映的市场事实，是市场的惜售心理严重。那么我们来推理，如果该股无机构控盘或者规律性买入行为，其结果必然是杂乱无章的价格运动和不规则的交易行为。在该股上我们看到的成交量堆积是非常有规律的，且历时近一年之久，可见机构为达到低位吸筹的目的所付出的耐心。随后该股一路暴涨，尽管当时有消息面上的影响，但就作者来看，所有消息面的因素更多的会被机构所控制。说穿了，后续的所有市场行为一切几乎都在机构的"计划"之内，但作为普通投资者，我们最大的困难是难以获得更多有效的市场信息。自从有了我们的450-550操盘线，即便我们没有任何"内幕"，只要读懂上面所讲的内容，那么，捕捉超级黑马将成为可能。在实战中投资者需要做的就是按照我们上面提到的操盘要点，去寻找高成交量的个股，然后再用我们的450-550操盘线来加以监控，最终达到高效捕获超级黑马的投资目的。实战中的类似案例不胜枚举，但万变不离其宗。投资者可以就此举一反三，触类旁通，深刻领悟。

请看图4-5冠豪高新的走势图。

该图为冠豪高新（600433）的价格运行轨迹，投资者可以从图中看到该股飙涨之前的高成交量堆积行为，堆积行为持续数月。不间断规律性的成交量持续性堆积，可见机构的雄心壮志。同样的我们看到另一现象是，价格在450-550操盘线的支撑下在其上方很小的空间中长期震荡，伴随着时间的推移，最终该股在450-550操盘线上突破盘局，一举进入

第四章
450-550操盘线与成交量的珠联璧合

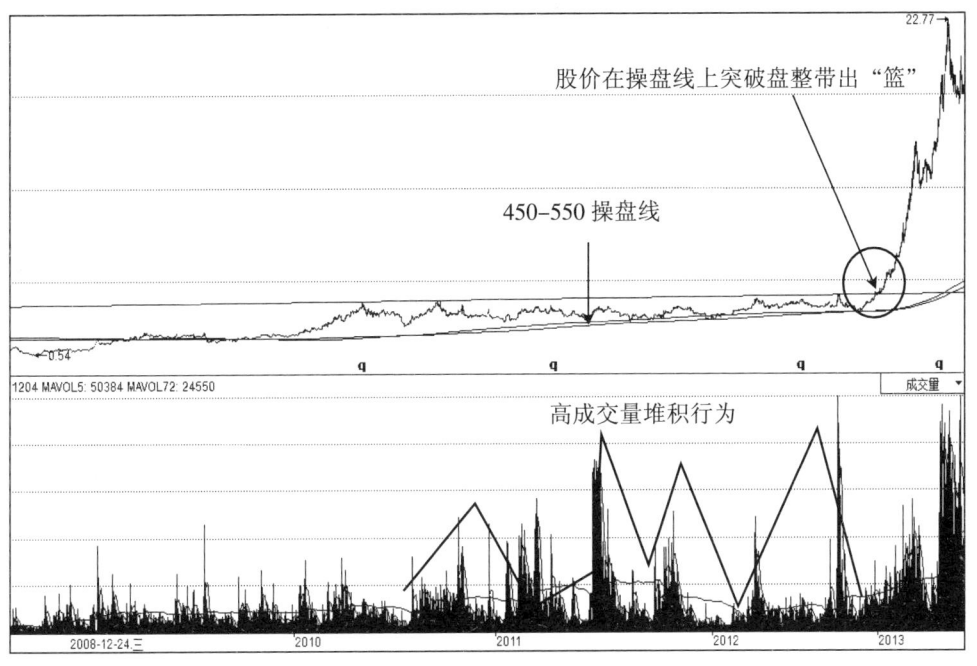

图 4-5

了主升浪。成就该股为黑马的基因依然是高成交量,但杂乱无章的交易量如果没有符合我们的450-550操盘线,想必投资者会非常迷茫。但我们的监控线可以一目了然地、直观地提醒投资者机构正在大举建仓。因为我们知道,任何价格对450-550操盘线的穿越即是机构建仓完毕或者正在加速建仓的重要信号,而该股给我们所提供的证据足够充足:第一,高成交量的囤积行为,反映了有坚定的多头在暗度陈仓;第二,价格穿越450-550操盘线后随即进入长期整理,此乃蓄势待发的前兆,因此该股进入了我们的监控视线。

综上所述,我们研究并讨论了两个实战案例,投资者可以从中再次领略到高成交量是诞生超级黑马的摇篮这一市场事实以及我们的450-550操盘线能帮你监控黑马何时出"篮"的传奇,两者结合,相得益彰,如虎添翼。

第4节
高成交量股票池的建立

谈到高成交量股票池的建立，作者的结论性观点是投资者要发现超级黑马，就必须有极大的耐心去发现高额成交量长期堆积的个股，通过450-550操盘线的再度筛选，最终让投资更加专业化、效率化和收益最大化。那么，究竟如何建立高成交量股票池？从哪里建立？重点优选哪类个股？以下是我的观点。

1. 优选流通市值较小的个股作为首要的监测目标

请注意，在这里我们讲的是流通市值，而非流通盘，流通市值的计算方法即股价乘以流通盘。我们用流通市值的目的是更加量化的机构总成本，规模上来整体圈定目标选择范围，以打消投资者对高价股恐惧的传统性落后思维。那么究竟多大的流通市值更好呢？在多年的实战中，我的观点是控制在50亿以下的流通市值更易于机构操控，也就更容易产生黑马，投资者只要长期监测，一旦发现在该类个股上有持续的成交量堆积行为，且价格并未有过大幅的拉升，则可以开始重点加以关注并放入股票池。

2. 450-550操盘线是分水岭

任何累积了高成交量的个股的爆发必须以我们的450-550操盘线为重要参考，比如其价格对操盘线的突破，价格在操盘线上方长期的蓄势整理，价格回落在操盘线上获得支撑，等等，以及价格巨量穿越操盘线，所有该类图形，投资者都必须加以重视，并将操盘线作为重要的监控黑马出"篮"的指示器。除此之外，到目前为止我尚未发现更尖端的技术能够有如此大的实战价值。

3. 不间断堆量明显

在高成交量股票池建立的个股选择上，投资者需要注意的另一关键点是一定要去寻找成交量在一个较长时间周期内不间断堆量的个股，类似图4-4和图4-5案例中的成交量堆积行为。一句话，成交量堆积得越多，价格波动幅度越小，则趋势一旦扭转，未来成为超级黑马的概率将会越大。关于高成交量股票池的建立问题，我们就暂先介绍到这里，希望投资者可以领悟我们案例背后的深刻内涵。

第五章　450-550操盘线与趋势投资

认清趋势发展是一切投资成功的关键。

如何准确地判断价格运行趋势，一是价格在交易日内突破了趋势线，但其收市价格并没有超出趋势线，这并不算是真正的突破，真正的趋势线被突破必须超过3%方可信赖；二是突破趋势线时必须有成交量的配合，突破趋势线时最好出现缺口，这表示突破是强有力的；三是画出多条试验性趋势线，当证明无意义时就将其去掉，只保留最有意义的。

第1节 双轨趋势向下

在价格图表中,我们会发现,很多个股的450-550双轨顺势向下,此时我们的最佳操作策略是持币观望,因为在连续的双线下跌趋势中所反映的市场事实是空头猖獗,多头无任何反击能量,此时投资的中线风险将是巨大的,因此建议以规避此类价格图形为主要策略。

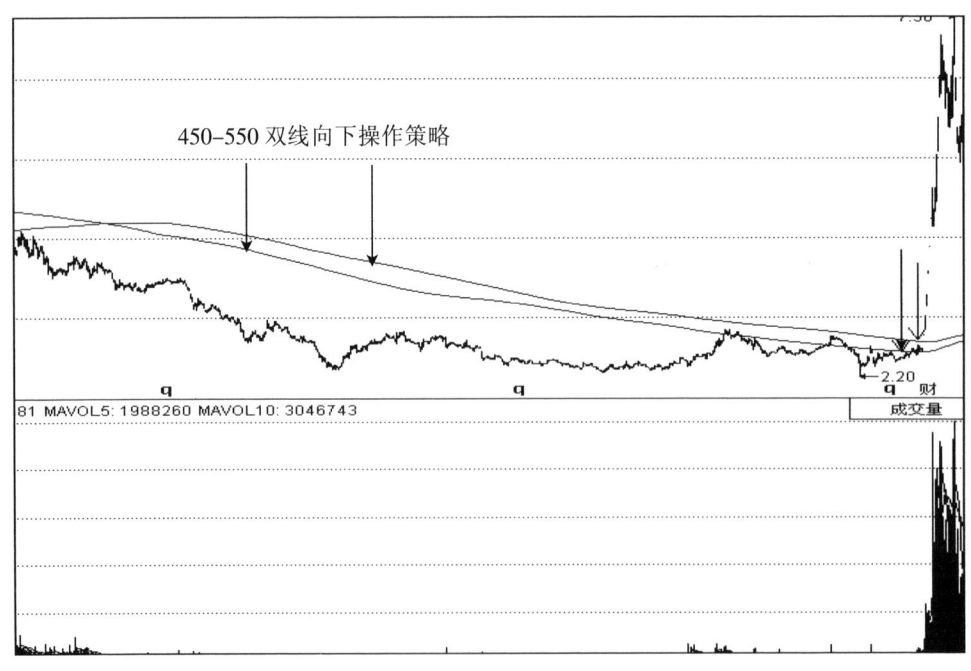

图 5-1

图5-1为上港集团（600018）操盘案例。该图为上港集团的一段价格曲线图，我们看到450-550双线呈标准的下降趋势，在双轨的下降中，股价始终未能有效穿越双轨，但在双轨趋于水平的位置，价格以爆发式的攻击态势穿越了双轨压制。请注意，在此次总攻击之前，曾有过两此明显的攻击行为，但都以失败而告终，可见该双轨对限定价格发展或者给价格造成的压力之强大，对于处于下降趋势中的价格和双轨类的个股，我们的观点是一路看空，坚决持币。但是，现实中更多的投资者不间断地在下跌尚未有转势之际进行了买入，随后深度套牢，在给心理带来压力的同时也给资金的使用带来不必要的亏损。我们的策略是对于双线向下的价格图形一般不参与，静候价格穿越双线后的投资机会。而价格开始于双轨汇合之际，即是我们需要重点监控之时，因为价格的暴涨有望随时发生。

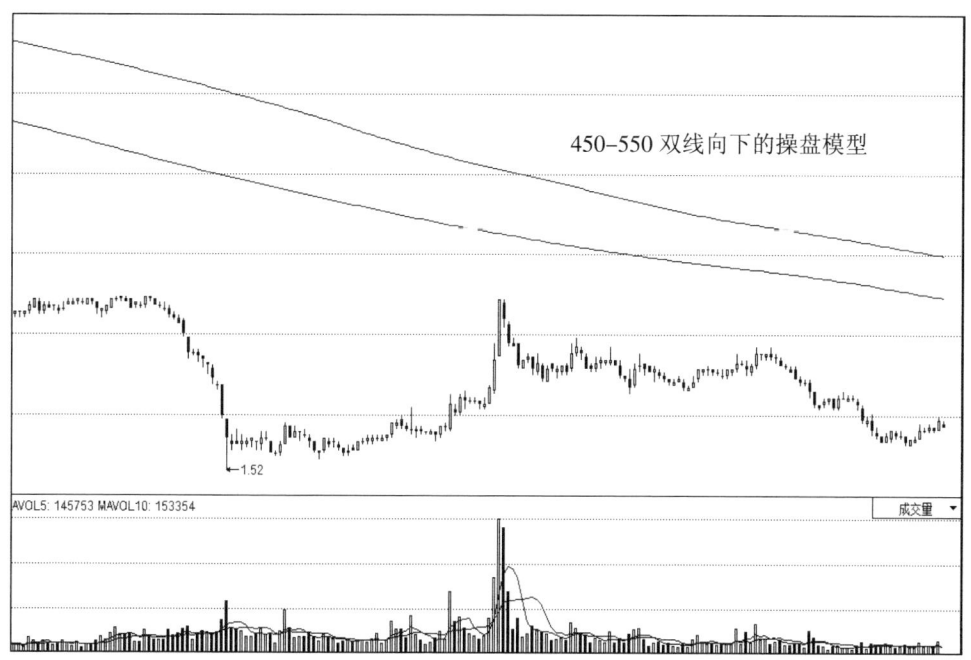

图5-2

图 5-2 为中国中冶（601618）操盘案例。该图为中国中冶的价格运动轨迹，图中我们可以清晰地看到 450-550 双轨顺势向下，此时的操作策略是坚决持币观望，绝不参与。其后的市场事实是长期投资者依然看空该股，卖空行为依然猖獗，多头力量微弱，不具备超级黑马的任何基因，不管投资者听到该股有多少利好题材或者潜在利好消息，我们的策略是坚决不做，因为它完全不符合我们买入的条件。若投资者持有该股，在其价格运行到 450-550 双轨操盘线附近时若成交量不能迅速放大，一旦出现滞涨的形态，就是投资者顺势出局的大好时机。

第2节
双轨长期平行且窄间距

在捕捉超级大牛股的双轨操盘线图形中，我们会发现很多450-550双线长期平行的价格运行图，且间距很小，下面我们就该类模型与投资者一起分享。

在前面的章节中我们讲到过，任何对双轨价格的穿越行为都将是超级牛股诞生的基础性条件，而价格对双轨的穿越行为一方面代表了机构的建仓接近尾声或者说机构即将激进式建仓，也或者已经到达爆发临界点。而对于双轨线长期平行窄间距的价格图形，其背后的市场含义更加清晰，而双线同时水平所代表的市场含义是较长市场周期的长线投资者、中线投资者投资思维趋于一致，决策行动趋于一致，资金的买入趋于一致，因此造成了双轨暴利450-550操盘线的窄间距水平运动。双轨水平运动行为的背后是机构采用长期低位震荡吸筹的建仓行为，双轨由下降转为水平的过程，即资金加仓买进阻止价格下跌并开始逆转趋势的过程，该过程必然存在坚定的买入者，这是供求关系的基本原理，也是机构建仓的最主要表现形式。投资者可以在价格穿越双轨震荡区域后逐步建仓，密切监视价格的推进，一旦价格加速运动，则暴涨的主升浪有望展开。下面我们继续通过案例来为投资者介绍长期平行窄间距操盘线的操盘原则。

S前锋（600733）操盘案例。

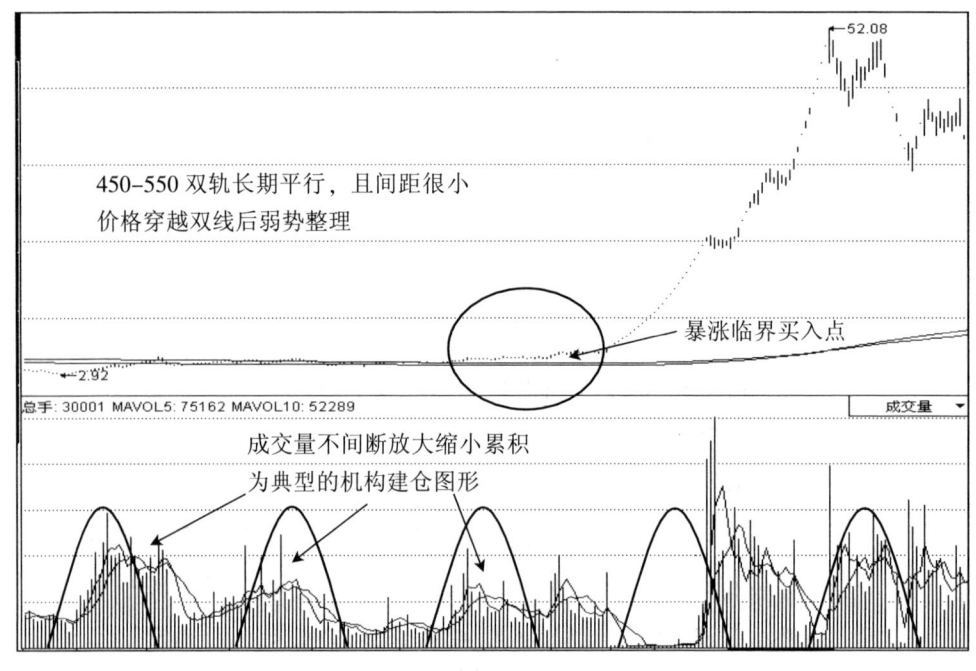

图 5-3

如图 5-3 所示，我在图中圆圈内曾重仓买入该股，随后该股停牌，开盘后一路飙涨。回顾买入该股的历程，我坚持了本节内容所介绍的买入规则，即在 450-550 操盘线长期平行且间距很窄的一种价格运动模型下，发现了该股的机构高度控盘，随后在价格有效穿越操盘线的震荡中进行了不间断的买入。我们知道价格对 450-550 操盘线的穿越即代表机构已经大举完成建仓，进入筹码的强力收集阶段和主升段，该股也不例外。我们看到了双轨水平窄间距的运动趋势，成交量不间断的放大与缩小，而价格波动浮动很小，机构几乎无高抛低吸的空间。因此，我们完全可以推理与确认该行为是机构所为，机构正在连续性囤积筹码，随后股价穿越450-550

操盘线之后，即进入了加速运动的主升浪。尽管该股最终暴涨的理由有很多方面，但我完全是在消息面平静的市场环境下，依据我们的操盘线进行的决策。正所谓市场行为涵盖一切。实战中投资者只要发现类似的图形，请重点加以监控，因为该类图形的背后随时有可能催生出一匹超级黑马。

第3节
双轨交叉暴利操盘策略

实战中我们同样会看到很多450-550操盘线双线交叉的图形，通过长期跟踪并应用，也能为我们的投资带来了丰厚的收益。究其根本是因为我们的450-550操盘线作为对市场运动的主要力量的监控线，在其内涵中包括了很多有关市场主要力量博弈的市场行为，因此透过450-550操盘线的特殊表现形式，如双线形成交叉的图形，我们也可以发现很多重要的市场机会。下面我们就通过案例继续和投资者分享该特殊操盘线组合模型的实战应用。

南方航空（600029）实战案例。

图5-4为南方航空的一段价格曲线图。从图中我们可以看到450线上穿550线并形成黄金交叉（图中圆圈内），此时的市场事实是短期投资者买盘迅速增大的表现，而价格在回档中成交量的迅速萎缩也反映了市场的惜售心理，价格偏离450-550操盘线处于30%之内，因此是较为安全的投资区域，随后价格开始了疯狂的上涨，据此参与的投资者获利丰厚。

买入要点：

（1）价格处于450-550双线之上的回档之中。

（2）回档过程成交量迅速萎缩，双线形成金叉，即短期450操盘线上穿长期550操盘线并形成金叉交点。

第五章
450-550 操盘线与趋势投资

图 5-4

买入后请投资者立即启用趋势通道跟踪价格，一旦跌破上升趋势要坚决出局，如图中趋势线箭头所指的趋势方向。

华润双鹤（600062）操盘案例。

图 5-5 为华润双鹤的一段价格图形，同理为价格穿越双轨后呈弱势整理格局，随后我们发现 450 线金叉 550 线，提示投资人股价可以获得长期趋势线的支撑，萎缩的成交量加上股价小幅回调，更能说明机构在慢慢吸纳浮筹，大幅上涨的机会就在眼前了。

实战要点：

（1）价格运行于双轨之上。

（2）450 线上穿 550 线形成金叉。

（3）价格放量上攻突破前高点，最为安全的买点；或者激进些在价格回落中成交量萎缩到极低点时买入。

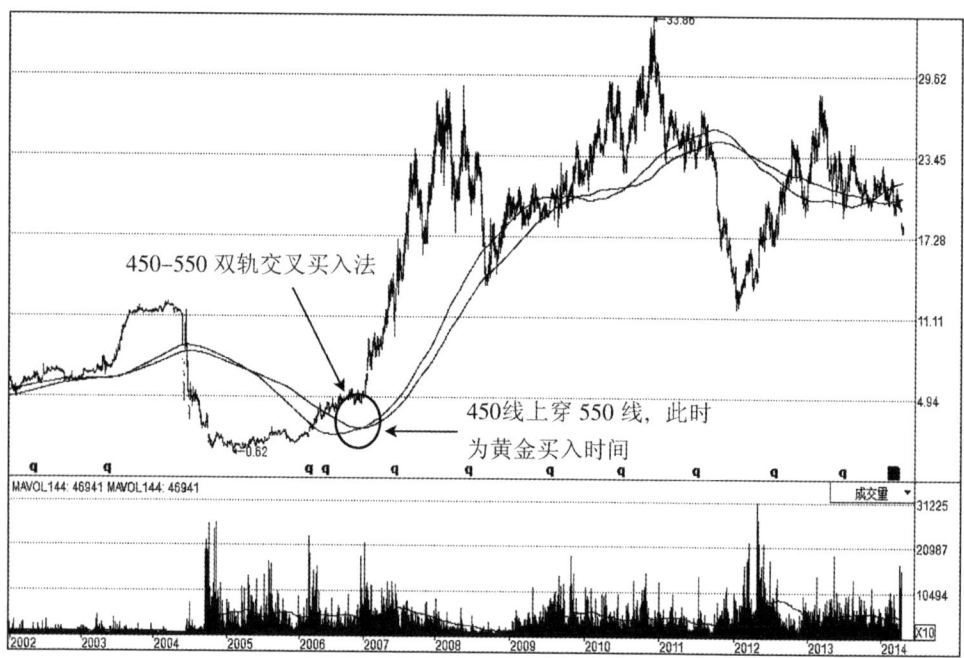

图 5-5

第4节
趋势向上操盘策略

在实战中我们会发现很多个股的450-550双轨趋势向上，该类个股一般都是超级黑马，双线向上的市场背后所隐藏的市场内涵是长期投资者持续看好该股，大级别的超级资金不断涌入，这是价格得以持续爆发的基础性条件。双线向上的市场现象即明确地为我们展示了机构的主要投资趋向，所监测到的市场主要趋势为超级上涨趋势，发现了该趋势即发现了超级黑马，尤其发现处于双轨刚刚开始进入多头排列时期的个股，稳定性、安全性、收益性将更大。下面我们通过案例与各位投资者一起来分析。

赣粤高速（600269）操盘案例。

图5-6为赣粤高速的价格运行图，我们可以看到价格穿越双轨后的连续暴涨行为。对于价格连续运行于双轨之上，反映机构已经大举建仓完毕，市场多头能量充沛，原来的下跌市场已经发生了彻底逆转。

实战要点：

（1）价格经过长期蓄势上穿双轨。

（2）价格长期盘旋于双轨之上，但并未大幅度拉升，我们所定位的拉升幅度是在50%之内的拉升。

（3）价格回落中双轨趋势依然向上。

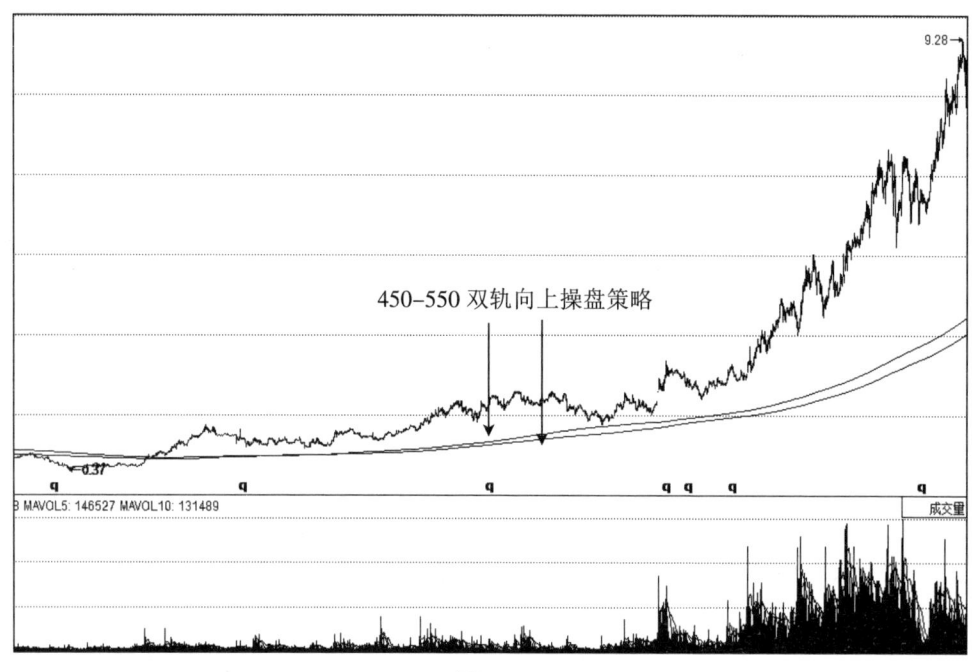

图 5-6

（4）买入要点根据价格运动的力度和角度进行布局，同时建议投资者启用直线趋势线或者弧线趋势性进行跟踪 K 线图的发展，趋势一旦逆转即出局。

（5）当价格回落至 450-550 双线附近时，若成交量极度萎缩，则短线是非常好的买入机会。

实战中投资者同样需要注意的是，双线向上的趋势代表了市场发展属于上涨初期，或者中期，也或者后期，而价格首次穿越后的回档将是长期投资者布局的关键时期。在操盘中，投资者可以优选偏离 450-550 操盘线在 30% 之内的个股，因为前面的章节中我们已讲过，30% 的空间内机构很难出货，因此该位置更多的会是机构的洗盘行为，是较为安全的决策买入参考区域。

上证指数（1A0001）操盘案例。

图 5-7 为上证指数价格运行图，图中我们再次看到 450-

450-550 操盘线与趋势投资

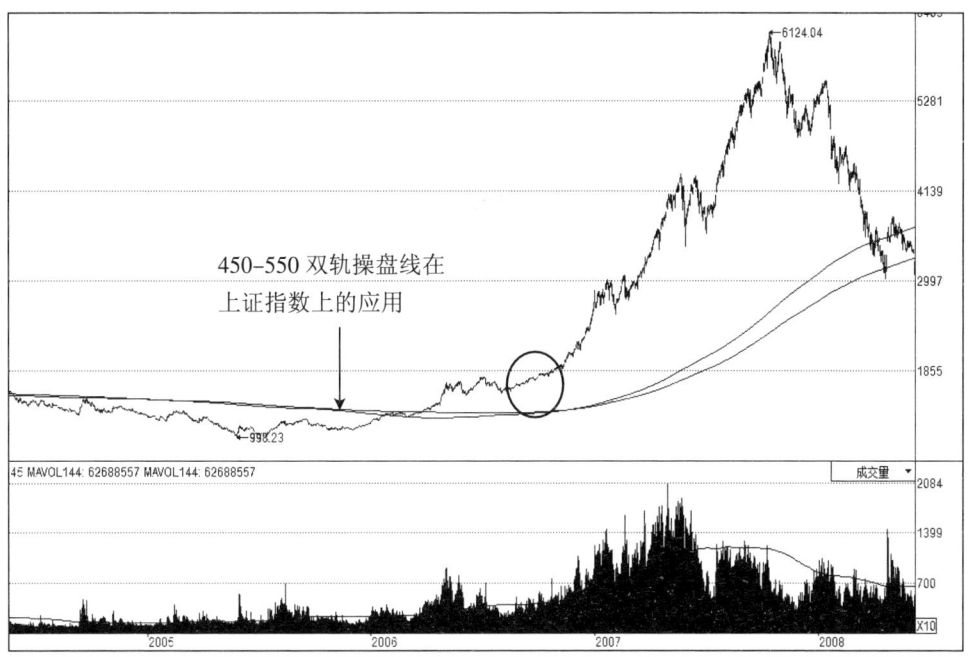

图 5-7

550 双轨由水平开始上转为上升，随后股指进行了大幅度上攻，诞生了一波波澜壮阔的牛市行情。实战中布局要点为股指穿越双轨线的回档区域，若此区域成交量继续规律性萎缩，450-550 操盘线缓缓向上，说明长期趋势正在向好，机构投资者正在持续建仓，任何短期的下跌都是洗盘，因为长期趋势线明明白白地告诉投资人，超级大趋势正在进行中。假如你有 450-550 操盘线做保护，2007 年的大牛市能不赚大钱吗！

第5节
450-550 操盘线之上的趋势线突破

如何捕捉短线暴涨启动点是我们每一个投资者所关心的话题，在研究短线捕捉暴涨启动点的众多实战经验中，我们最为推崇具有多重复合价值的趋势线突破法，即压力线突破后的暴涨。在实战中越是长期的趋势线被突破后其反转能量越大，空间也越大。趋势线连接的高点越多，形成的趋势线越可靠性，稳定性也越强。最为重要的是我们将传统的趋势线突破放在我们的450-550双轨操盘线之上，在一个有限制性条件的交易系统下，其突破意义也将发生重大变化。下面我们继续通过案例来为投资者揭开450-550操盘线上的突破所带来的市场机会。

上海钢联（300226）操盘案例。

图5-8为上海钢联的价格运行图，图中我们发现价格在突破趋势线（也可以称之为高压线）后的短线爆发性上涨机会，短线投资者在其突破点介入，获利丰厚。

操盘要点：

（1）价格穿越450-550双轨操盘线，此乃暴涨黑马的基础性条件。

（2）价格穿越高压线，也即通道线上轨。

（3）在放量突破时介入。

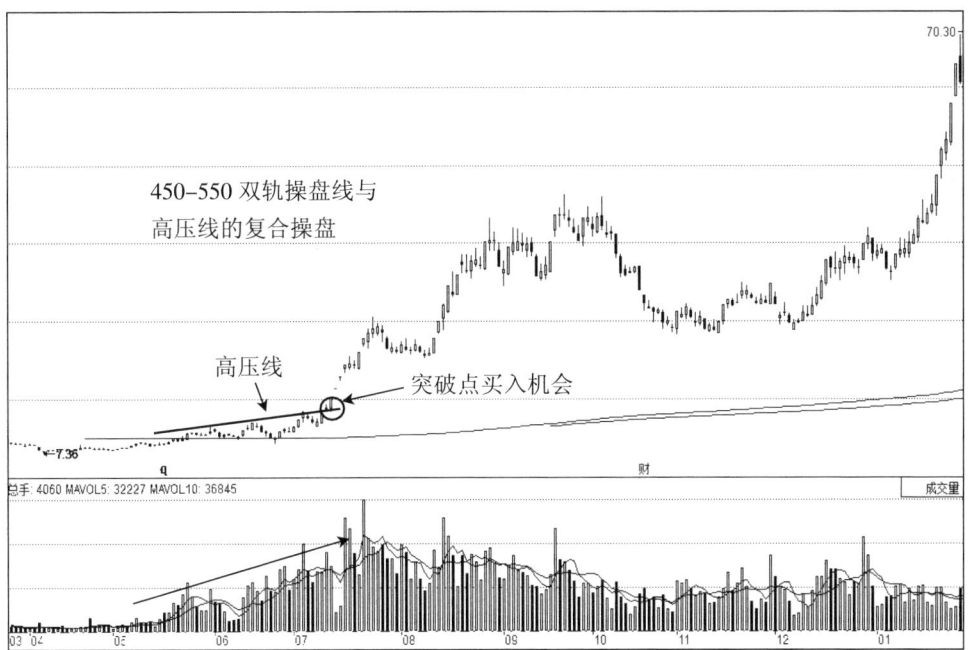

图 5-8

从该股的运动轨迹来看,完全符合以上要点。其背后是机构连续加仓并达到控盘状态,随后进入主升段。此乃短线投资者套利的最佳时机。当价格运动一旦未按照有效趋势前进时即出局为上。在图 5-8 中首先是价格对我们 450-550 操盘线的有效穿越,在该行为的背后所隐藏的市场含义是机构已经大举完成建仓,价格突破该线后随后进入了缓慢的震荡上升趋势中,此时一方面是机构在培养跟风盘;另一方面也是在清洗浮动筹码,以减少其拉抬和出货成本。随后我们看到的价格放量突破原有趋势压力的行为,即该股重要趋势改变进入主升浪,一路上涨。实战中投资者可以重点参考我们上面提到的三个方面。

第 6 节
450-550 操盘线上的惯性运动操盘策略

加速上涨作为《股价暴涨密码》的重要实战技术,其巨大的冲击波赚钱效应造就了一个又一个超级获利神话。这里我们将为投资者揭开操盘线上价格惯性运动的操盘密码。我们将大角度的加速度运动行为都称为惯性运动,它可以是沿某一标准角度线上涨的价格运动,也可以是沿某一弧线角度向上的价格运动,但运行角度必须大于 45 度,因为我们更喜欢从飙涨的惯性中获取投资收益。股价的惯性运动可以从一个更加微观的角度为我们提供操盘指导,而加速变轨为其重要表现形式,尤其是在 450-550 操盘线上的惯性运动行为,投资者需要重点领会。下面我们通过案例直观地为投资者讲述该实战应用模型。

长江投资(600119)操盘案例。

图 5-9 为长江投资价格的惯性运动图形,在图中我们可以看到价格的惯性运动行为,价格明显地由低速一级运动形式变为二级加速惯性运动行为,上行角度明显加大并超过 45 度,在价格有效突破原有轨道的时刻进行买入行为,将会为短线投资者带来丰厚的投资收益,但所有的这些决策的基础性条件均是价格必须首先穿越 450-550 操盘线,此乃资金能量大量堆积接近尾声的重要信号,即机构建仓完毕或者进入

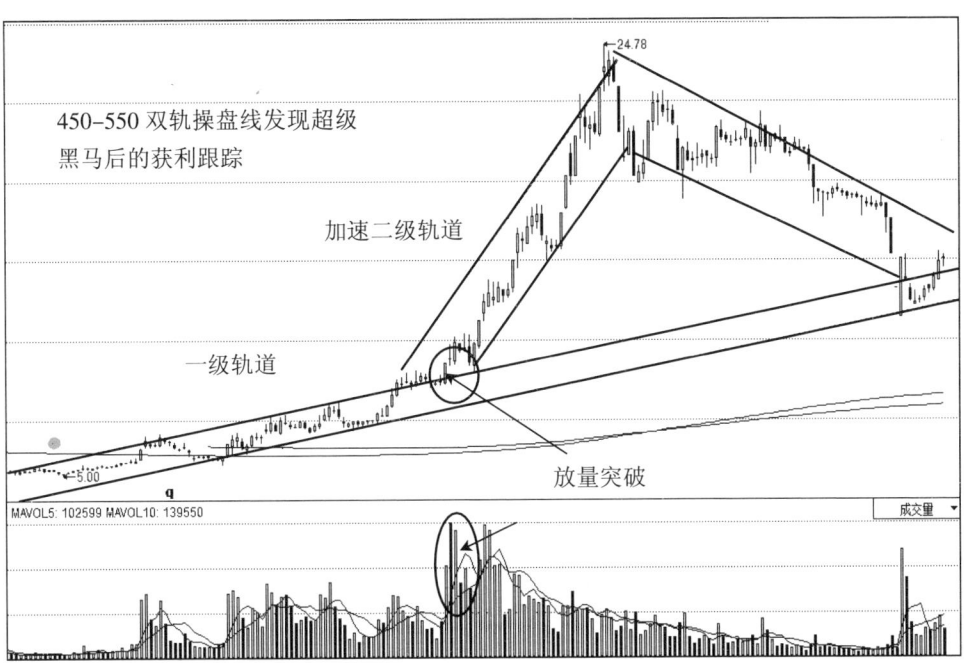

图 5-9

强力收集区域的表现，也是价格暴涨进入主升浪前的基础性条件。

操盘要点：

（1）价格放量突破 450-550 双轨操盘线。

（2）价格规律性在通道内低速运动。

（3）价格放量突破低速运动轨道进入二级轨道开始加速惯性运动。

从该股的价格走势我们不难看出，综合利用 450-550 双轨暴利操盘线并复合趋势通道后所带来的短线交易性机会，这是一种中线基础上在主升段高效捕捉波段利润的操盘战法，熟练使用的投资者必将得到应有的投资回报。

号百股份（600640）操盘案例。

图 5-10 为号百股份的价格走势图，我们看到的市场现象首先是价格在穿越 450-550 操盘线后开始了稳步震荡前进，

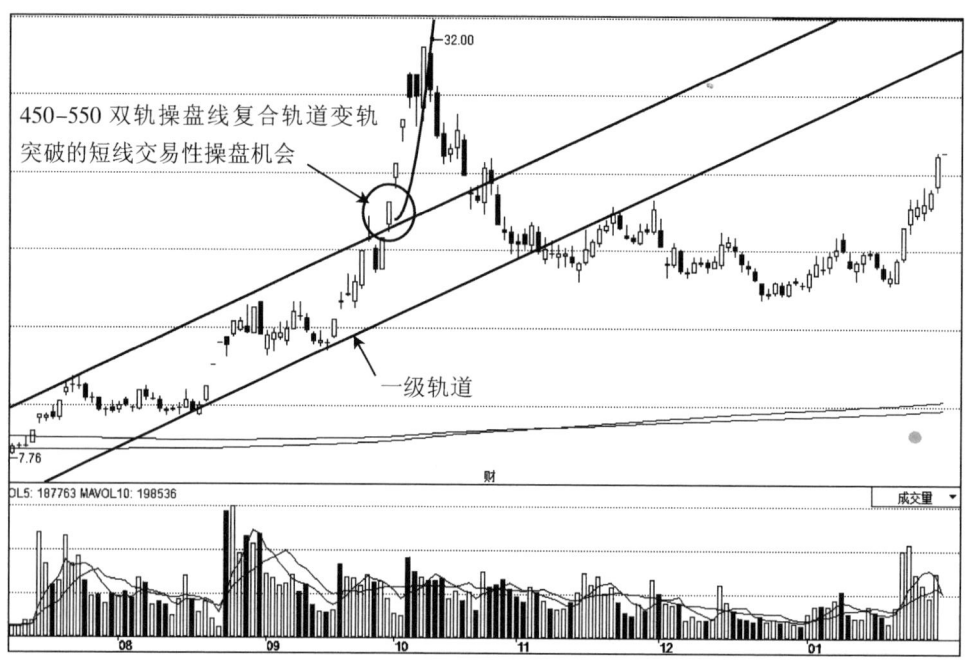

图 5-10

如图中一级轨道所示,随后价格放量有效突破低速运行轨道开始进入快速拉升阶段,如图中的圆圈内所示,该位置为典型的加速变轨惯性上涨行为。

操盘要点:

(1) 价格有效穿越450-550双轨操盘线。

(2) 价格呈现有规律的震荡前进运动。

(3) 短线狙击在突破的一刹那(图中圆圈所示)。

第7节

450-550操盘线与趋势通道的双剑合璧

加速上涨背后的市场逻辑,首先是价格有效穿越450-550操盘线,股价进入多头市场的重要基础完成,此时的价格运动将为典型的牛市运动。随后我们启用轨道跟踪价格边界,这期间可以一路持股只要不跌穿轨道。当然我们在这里讲的是短线机会,对于宽幅的运动轨道,当价格运动到下轨时为投资者提供很好的短线买入机会,但此类操作必须在通道内高抛低吸,价格运动到达上轨时应卖出。

当价格前进一旦受到阻碍或跌穿趋势通道时,需要严格执行卖出策略,容不得半点犹豫。

香梨股份(600516)操盘案例。

图5-11为香梨股份价格走势图,该股的变轨行为发生在450-550操盘线之上,价格在450-550操盘线上进行了一次明显的震荡洗盘行为,随后突破洗盘轨道开始快速脱离成本区,为投资者提供了很好的获利机会。就该股的市场行为来讲,首先我们看到的是价格持续地在平行的窄间距的双轨上方长期震荡,随后价格开始缓慢远离操盘线,进入由筹码囤积到价格拉升的阶段,即由机构的吸货到拉升的行为,此时是我们投资获取利润的关键性时机。在实战中我们需要注意的是随时观察股价的变动,及时找出其重要的价格运行通道,

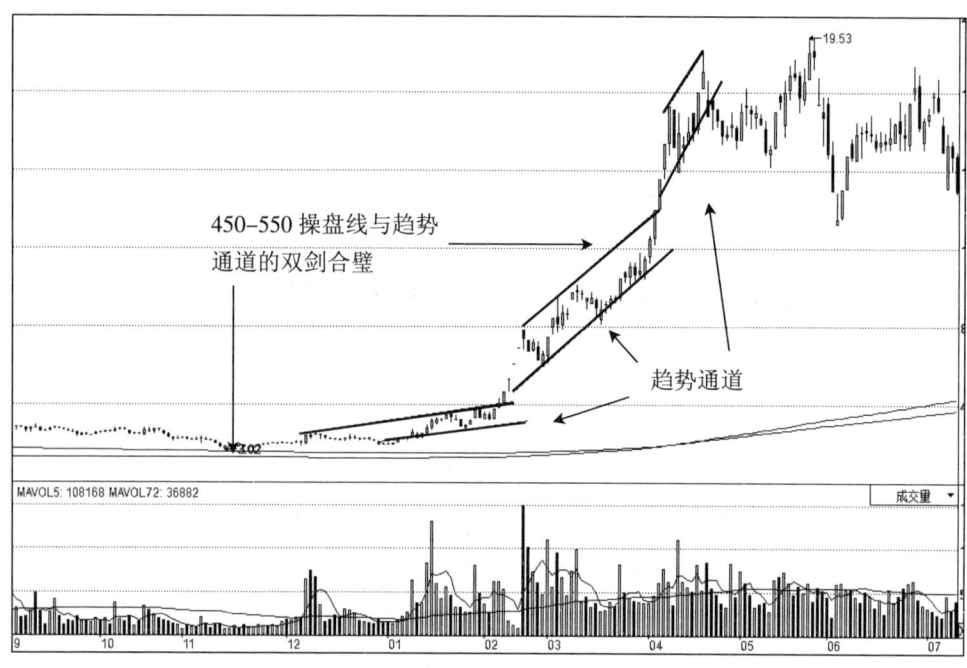

图 5-11

然后严格按照趋势运动进行操盘。只要价格跌穿上升趋势线则第一时间出局为上，机械性操盘。图中的价格走势包含了多层市场含义，最为重要的基础性条件是股价对450-550操盘线穿越后长期在操盘线之上的震荡行为，即机构建仓完毕的重要信号，也是机构在低位大量持仓的信号，随后的上涨也就不言而喻了。

广晟有色（600259）操盘案例。

图 5-12 为广晟有色的价格运动图，图中可以看到价格在450-550 操盘线下持久的价格窄幅震荡蓄势建仓行为，随后价格有效突破 450-550 暴利操盘线压制，开始了放量的突破性上攻。操盘线之上的价格运动是股价运行的第二阶段，即主升段，期间我们可以很容易画出股价的运行边界。在这个过程中投资者可以严格按照趋势投资的策略来跟踪股价运动，如图 5-12 中的长方框中所示，都是打破原有趋势展开新的趋

第五章 450-550操盘线与趋势投资

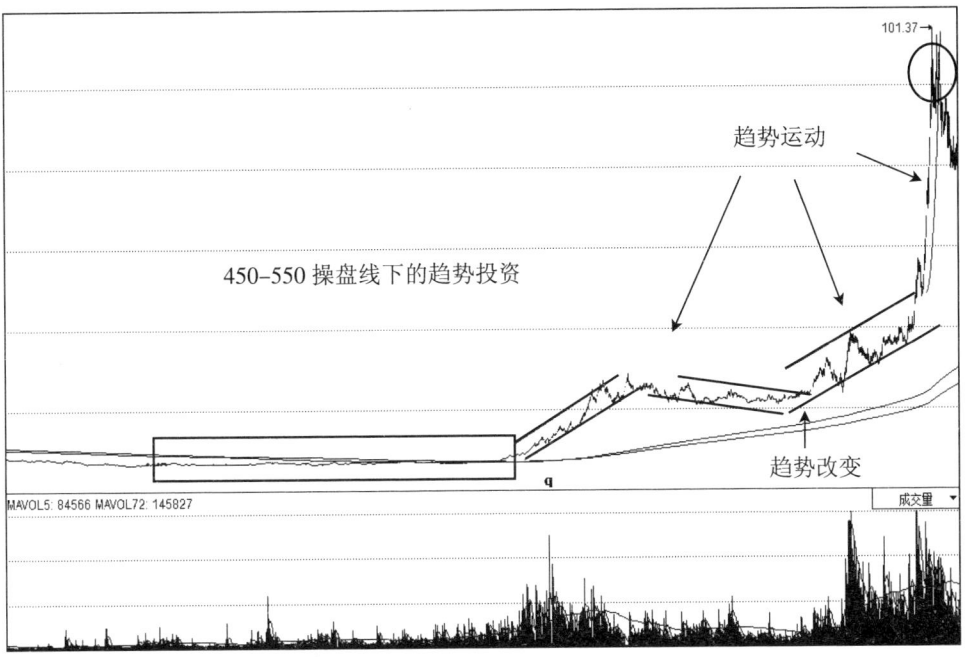

图 5-12

势运动的行为，也是投资者买入和卖出的关键区域。实战中的投资要领是首先需要找到价格突破450-550操盘线的个股，然后进行跟踪，并画出重要的股价运行边界，即趋势通道，接下来的工作就是高抛低吸了，或者是紧随趋势做出相应的操作即可。

以上我们通过案例为投资者清晰地阐述了450-550双轨操盘线与趋势投资有机结合下的操盘要领，我们知道450-550操盘线是发现超级黑马的利器，而发现超级黑马后的重要策略即需要跟随趋势，根据股价变化情况找出其最重要的运动形式的边界线，如启用通道线、趋势线、弧线来跟踪趋势的演变。投资者深刻领悟后，在操作模型中抛开基本面的干扰，抛开消息面的影响，使投资尽可能地与盘面信号一致，因为股价走势涵盖一切。

第 8 节

450-550 操盘线上的斜面平台

我们经常会关注到斜面平台类图形，即价格在 450-550 操盘线之上进入暂时的休整。此图形蕴藏着巨大的再度攻击的机会。股价在一个上升的斜面上运行，没有主力机构的控盘是无法想象的，能够这样运行没有实力是很难做到的，尤其是在大盘弱势的行情中。一旦出现这种形态，当价格再次突破该平台时，价格将进入加速上涨阶段，投资者应该重仓出击。下面我们就通过案例来为投资者做一说明。

冠豪高新（600433）操盘案例。

图 5-13 为冠豪高新的价格运动图，图中我们可以看到股价在穿越 450-550 线后形成斜面向上的整理，此乃激进式洗盘的重要特征，随后价格突破该斜面后一路飙涨，投资者及时介入后获利匪浅。

第五章 450-550操盘线与趋势投资

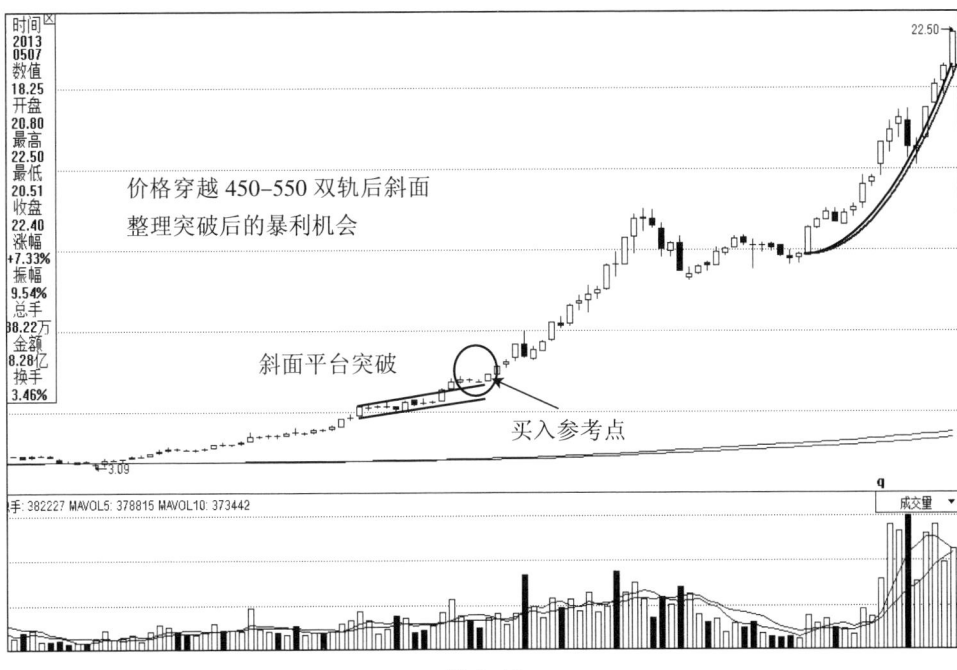

图 5-13

第9节
高位熊长牛短风险形态分析

首先我们要明白熊长牛短的技术性特征，所谓的熊长牛短由两个市场现象组成。就短期而言，我们将价格的连续下跌称之为熊市，而将价格的连续性或者间断性反弹称之为牛市，而熊长牛短是在这一牛熊转换的过程中，下跌的时间经常远远多于上涨的时间，或者说下跌的幅度远远大于上涨的幅度，价格重心整体呈现下滑态势。在市场中该形态屡见不鲜，而我们这里要讲的是价格在连续拉升后，尤其是远离我们的450-550操盘线后出现该类形态的巨大风险，它是一种典型的出货形态，投资者必须明察。

民生银行（600016）操盘模型。

图5-14为民生银行的典型出货走势图。单从价格波动来看，它已经符合我们上面谈到的有关于熊长牛短的技术性特征，同时该形态出现期间伴随成交量不间断放大，重心逐渐下移，为典型的主力出货形态。随后一路暴跌，再之后继续利用短暂的反弹再次出货。长期处于大幅度下挫也就在情理之中了。

其背后的机构出货行为可以做如下理解。在一个连续拉高的高位，价格距离底部突破已经上涨100%、300%或者500%，低位介入者全盘获利。我们知道价格的上涨来源于资

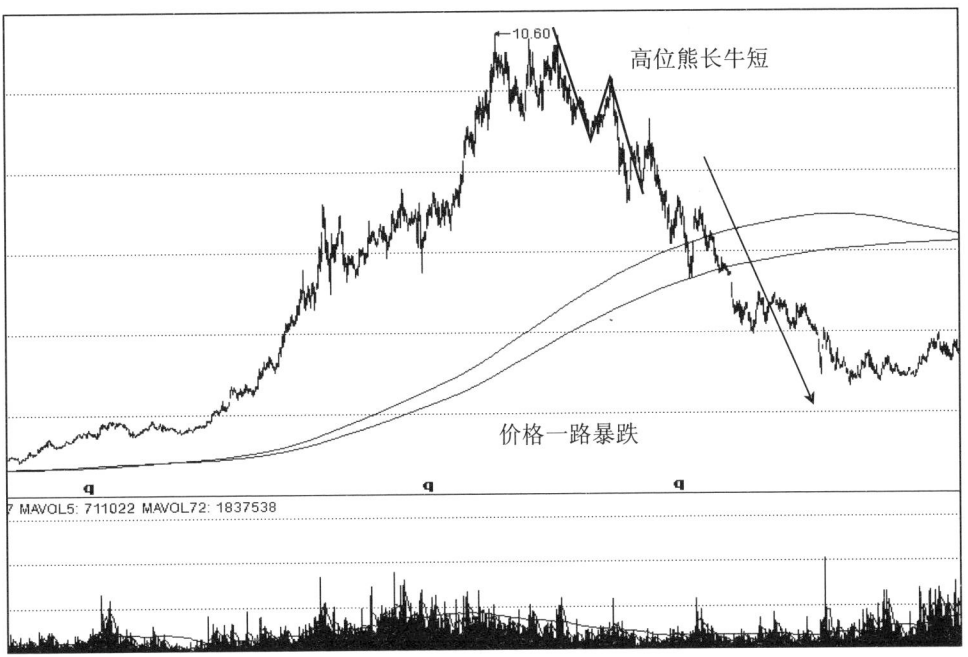

图 5-14

金的推动，在价格的连续拉升后，开始停滞不前，并进入了侧向交易区，此时说明资金无法再推高股价，或者说机构不再推高股价，资金的意愿是获利出局。因此，我们投资者也要坚决卖出。

价格的停滞不前首先说明此时的市场买盘难以继续推动价格的前进，市场暂时出现供应大于需求的局面，而随后价格进出现熊长牛短的整理形态，此时卖盘更加汹涌，持续处于缓慢卖出状态，偶然会利用对敲或者大盘机会拉高，但都是以有规律性卖出为主。行为金融学告诉我们，散户在大多数时间里难以形成规律性的操作逻辑，一盘散沙是难以成就价格的规律性下跌的。这样问题就清楚了。此时谁在规律性卖出？答案只有一个：主力机构。而该股后续的发展我们都清晰地看到了，市场在短暂的反弹后开始了更为疯狂的熊长牛短的走势，机构的大部分筹码已经套现，留给散户的或许只有高高在上的痛苦与无奈。如果投资者可以在价格的大幅度拉升后在盘中及时发现该类形态，而提前加以防备，我们相信在控制风险的道路上又前进了一大步。当然，市场几乎没有完全绝对的东西，并不是所有的熊长牛短形态出现后价格都会必然连续下挫。譬如，就该股而论，若出现该形态后价格处于价值发现区的中段，而该股未来预期利润依旧巨大，那么此时很可能是一次洗盘行为，或者也可以是一次换庄行为。但不管如何，出现该形态都要引起投资者万分警惕，风险随时会发生，因为它已经跌穿了上涨的主要趋势，进入非交易区。我们在非交易区的原则是，停止交易，休息，尤其股价远离我们的450-550操盘线之后风险将会成倍增加，因为机构可以随时套现。

第 10 节
警惕高位利好下的投资风险

请记住，突发的实质性利好对价格的支撑永远是短期的，如区域概念炒作、政策引导等等。一个突发的利好可以成为价格上涨的导火索，也可以成为机构出货的重磅广告，而我们在更大范围内需要关注的核心是当该股实质性利好出台后市场的整体情况，以及资金在该股上的建仓情况，这是决定价格可能爆发的基础性条件。当然游资的态度将同样对价格短期的波动起到重要作用，但综观其变几乎都是短线行为。我们知道机构的出货更多的是喜欢让人知道，比如在我们的商业中商家总是不惜重金利用广告来吸引眼球，其背后的目的无疑是让更多的人产生购买行为，从而达到自身获利的目的。当然股票市场也不例外，同样有不计其数的股票因为利好的公布产生了突发性的连续上涨行为，因此我们在短线波段上同样不能忽略消息面以及市场所谓的题材对价格的刺激。

但此时投资者需要注意的是，价格的上涨一旦受到阻碍，短期前进的有效性将会受到巨大的打击，而在这个标题上我们的论点是重大实质性利好公布，价格不涨短线必出。其背后的道理很简单，利好的公布并未能够吸引足够的买盘，或者说并不能吸引足够的跟风盘。从另一个层面来理解，此时可能产生了较大的买盘，但卖盘更加汹涌，因此价格出现了滞涨的格局。我们的结论是,价格在利好的刺激下不能有效上攻,此时流动性受到阻碍,一定产生了集中性卖出行为,此非主力机构莫属。如果利好发生在价格连续上涨的高位,尤其是股价远离我们的450-550操盘线之上,机构将有空间和机会随时卖出筹码套现,投资者必须高度警惕,高位利好一旦兑现,价格难以推进,我们的原则是短线或波段上必须卖空。下面我们通过案例来与投资者进行详解。

中国医药(600056)操盘案例。

图5-15

图5-15为中国医药的价格走势图,圆圈里光标所对当日国家下达1300万人份抗病毒药物的储备任务,这对该企业无疑是一重大实质性利好,但价格当日遇阻回落,并未有效上攻,随后价格在抛盘的压力下滞涨,转而开始下跌,短线风险尽显。类似案例不胜枚举,投资者完全可以从无数历史事

件中寻找到价格下跌的风险，通过对大量的历史事件研究统计中我们得出了上面的结论。

　　这是一个利益博弈的场所，借势达到目标永远是最敏锐投资者的选择，请记住辩证地看待企业新闻背后的故事，它或许是一个很好的风险信号，也可以在很大程度上为我们的短线决策提供重要的参考依据，尤其对于股价已经大幅度上涨偏离我们的450-550操盘线超过50%空间后出现的利好，价格只要不前进，投资者就应该退出。

第六章　450-550操盘线与颗粒型K线链的实战组合

　　本章中我们为投资者引入一个全新的概念，即颗粒型K线链。实战中，其在判断机构行为方面始终威力强大。该K线链从微观入手洞察机构行为，但单独使用其实战价值将大打折扣。为此我们将其与450-550操盘线复合使用，使宏观策略与微观战术相结合，让我们对市场的判断更加接近真相，使投资更加有章可循。

第 1 节

颗粒型 K 线链

在资本市场中，我们第一次提出了颗粒型 K 线链的定义，并第一次将其与 450-550 操盘线融为一体。在 K 线图中我们将一组或者一个阶段中涨跌空间与幅度近似于一条线的整理形态定义为颗粒型 K 线链，在该链条中任何单体 K 线实体都很小，就像一个微小的颗粒，我们称之为颗粒型 K 线组合。在长久的研究与实战统计中，该 K 线链屡建战功。通过对其形成背后的行为金融学研究，我们更增强了对其实战性的推崇，因为工作量太大，这里我们暂不对行为金融学论证过程进行说明，只将其与 450-550 操盘线复合实战应用给投资者做一介绍，相信投资者在熟练的掌握与使用后一定会得到应有的回报。

实战要点：

（1）该颗粒型 K 线链为重要的蓄势待发型交易信号，是能量积聚的重要形态。

（2）在机构连续大幅度加仓后很多时候会出现该类颗粒型 K 线链条，若伴随成交量高度萎缩，且价格处于中低价位，说明既无出货空间，又无波段空间。因此可作为重要的跟踪买入参考依据。

（3）若该颗粒型 K 线链出现在一个较大幅度的价格飙升

第六章 450-550操盘线与颗粒型K线链的实战组合

后,之前价格已经出现巨额成交,而此时进入一个链条式整理侧向交易区,则短中期价格风险开始积聚,价格随时可能雪崩式下跌。

颗粒型K线链的形态各异,它可以为一个上升的K线链,可以为一个侧向的K线链,也可以为一个弧形的K线链,所有这些形态变异的颗粒型K线我们完全可以参照形态学理论来识别并加以应用,它们都是价格进入临界变盘的重要信号。它们出现后所代表的力量不容投资者有任何轻视,一旦发现必须严密跟踪并加以应用。尤其对于出现在450-550操盘线之上的K线链组合,其实战性将更高,该K线链为重要的临界变盘信号。虽静若处子,但价格有望随时展开裂口式暴动。下面我们继续通过案例来与投资者进行深入的探讨。

轴研科技(002046)操盘案例。

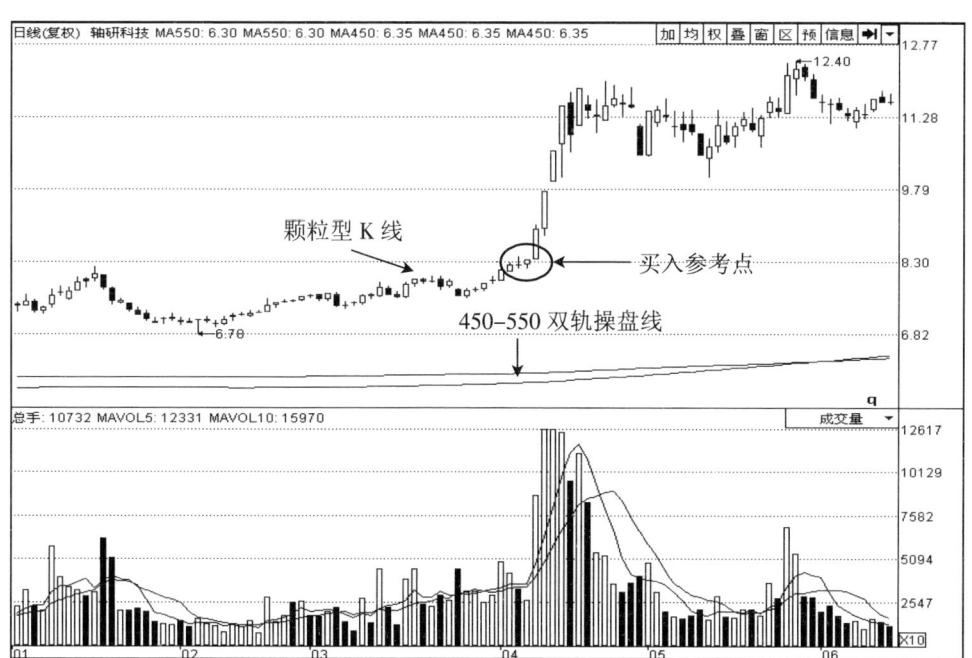

图6-1

图6-1为轴研科技价格运动图形，请看图中的K线链组合，在行情启动前夕，我们看到的现象是价格运行于我们的450-550操盘线之上，此时出现了我们所讲到的K线链形态，每一个单根K线的实体都很小，几乎近似成颗粒状，如图中箭头所指示区域，随后价格在成交量的迅速放大下快速推进，进入大幅拉升。

上港集团（600018）操盘案例。

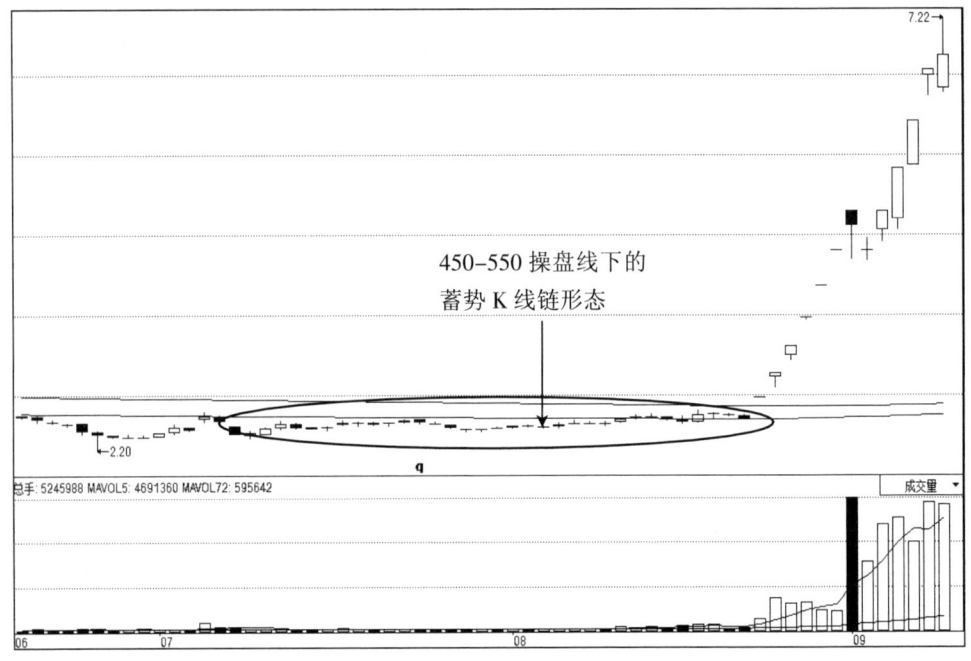

图6-2

图6-2为上港集团的K线图，图中450-550双轨操盘线下有大量颗粒型K线链并呈现水平运动图形，如图中圈内所示，其实体都非常小，股价似乎万籁俱寂，该形态为机构已经大量持仓的结果。如何判断其爆发点，或者说如何更好地找到介入点？我们的观点是，该类K线链作为重要的市场信号，在实战中具有非常的特殊价值。因此我们的观点是在其

接近或者穿越450-550操盘线的阶段进行布局，对于资金量较大的投资者，可以提前布局，不断加码完成建仓，但前提是该K线链一定出现在近似水平的450-550操盘线之下，且间距很窄。图中我们看到价格随后在穿越操盘线后开始了一路飙涨的主升浪，可能有投资者会说，该股的上涨是基于上海自贸区概念的炒作，但我们需要告诉大家的是，该股从技术图形上已经提前告诉了我们，它即将成为一匹大黑马，只是在等候机会罢了。因为水平的450-550操盘线首先证明了趋势已经开始进入扭转阶段，而出现经典K线链组合的形态再次说明了机构的大量持仓，随后价格有效上穿450-550操盘线的市场现象再次佐证了机构超级控盘的市场内涵。

吉恩镍业（600432）操盘案例。

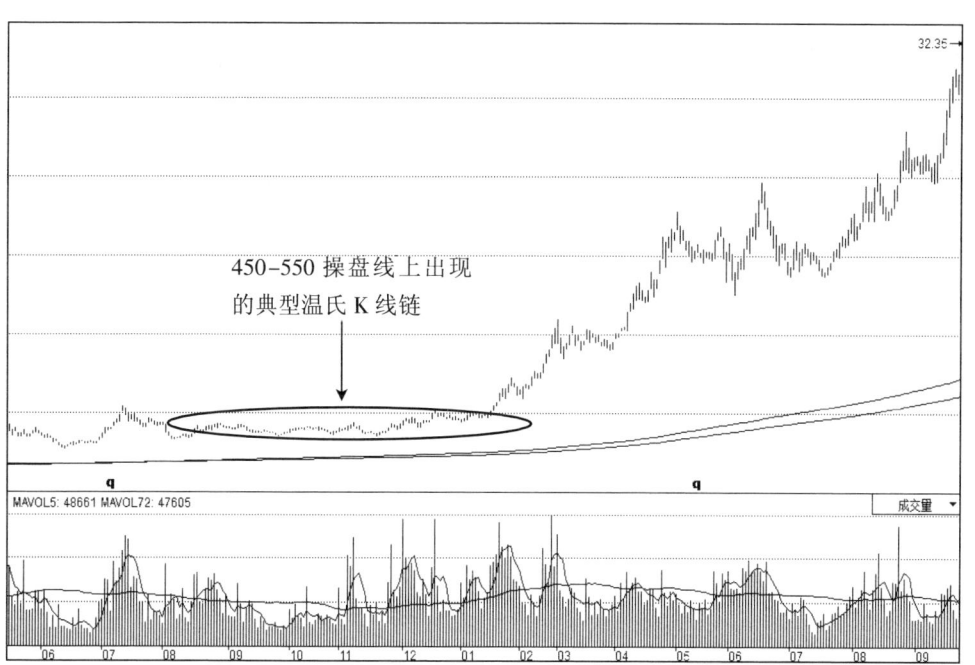

图6-3

图 6-3 为吉恩镍业的一段价格走势图，图中我们可以非常清楚地看到在我们的 450-550 操盘线上方出现了大量的颗粒型 K 线链，如图中的椭圆圈内，股价波动空间很小，且 K 线实体同样很小，且该形态又出现在 450-550 操盘线之上，其背后的市场意义在告诉我们，该股已在悄无声息中积蓄了巨大的力量，价格已经处于爆发的边缘，随后价格有力度放量突破了该 K 线链的盘整带区域，一路拔高，股价上涨数倍。

第2节
上升颗粒型 K 线链

上升颗粒型 K 线链的操盘，作为颗粒型 K 线的重要组成部分，在与 450-550 操盘线的复合使用实战中，其爆发力往往很强大，上升颗粒型 K 线链在实战应用中始终是我们重点跟踪发现的重要参考指标，它可以在更大程度上帮我们发现暗流涌动的个股。实战中我们也将其称作价格上攻前的指示信号，一旦价格在 450-550 操盘线上方出现倾斜向上的 K 线链形态，我们都将会重点跟踪并关注其随后的突破性买入机会。

超声电子（000823）操盘案例。

图 6-4 为超声电子的 K 线图，图中请看双轨暴利 450-550 操盘线上方箭头所指示区域出现一组上升颗粒型 K 线链，我们及时开始跟踪，在前面的章节中我们已经介绍了双轨暴利 450-550 操盘线在发现超级黑马中的重要价值，图中此时的价格在双轨暴利 450-550 操盘线附近获得明显的支撑，随后开始出现颗粒型 K 线链，在随后价格突破上升整理 K 线链后我们曾重仓介入，因此获得了不俗的波段投资收益。此为典型的上升颗粒型 K 线链加速后的操盘案例，能够为我们的决策提供重要的参考信号，且价格处于牛熊分界的双轨暴利 450-550 操盘线之上，说明机构大量囤积筹码，随后的连续性上涨也说明了我们的上升颗粒型 K 线链在辅助发现超级黑

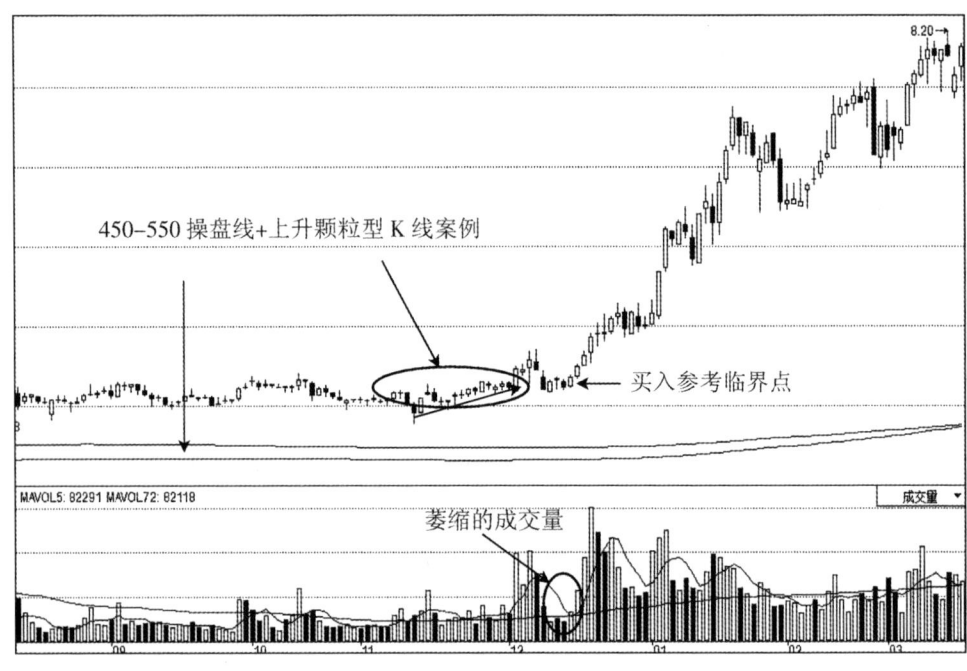

图 6-4

马上的神奇。

盛达矿业（000603）操盘案例。

图 6-5 为盛达矿业的走势图，该股首先进入我们视线的时间是价格有效穿越双轨暴利 450-550 操盘线之后，我们随即启动监测窗口，并严密跟踪。通过观察我们发现了价格在连续上涨中出现了颗粒型 K 线，如图中椭圆内所示，此时价格开始偏离并加大角度向上攻击，随后我们及时跟进布局，价格在之后的发展中出现连续的逼空性上涨，我们再次获得了超额投资收益。在操作应用中，投资者需要随时启用我们讲过的弧线趋势线或者直线趋势线的跟踪方法，一旦价格跌穿趋势线并开始侧向整理，投资者就需要做出暂时离场的卖出行动，静候新的趋势的开始。因此在本书中我们希望将多种实战模型结合在一起，最终将复杂的投资简单化。

三安光电（600603）操盘案例。

第六章
450-550 操盘线与颗粒型 K 线链的实战组合

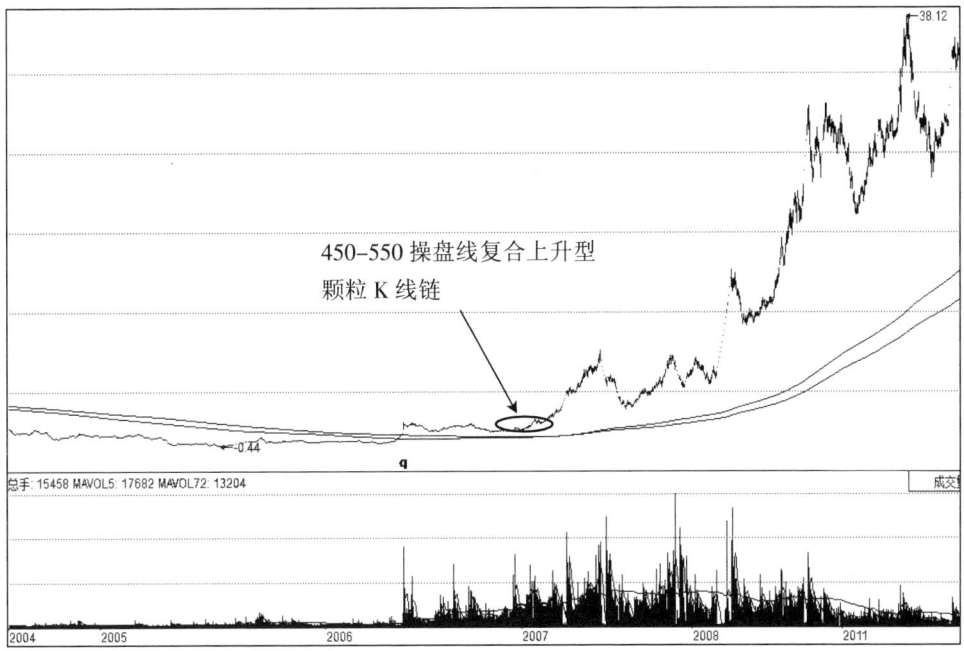

图 6-5

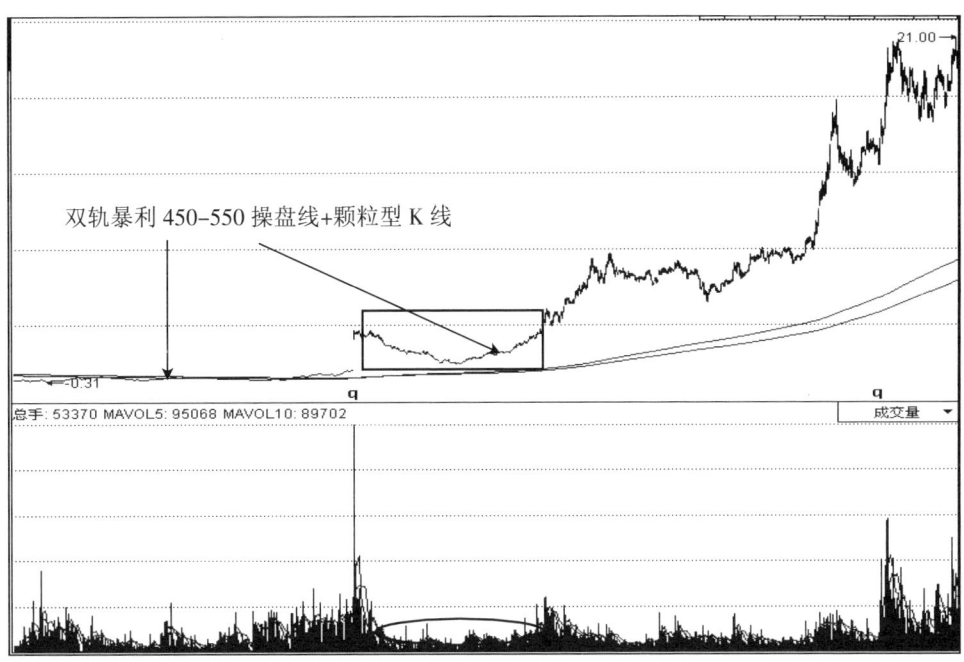

图 6-6

图 6-6 为三安光电的价格走势图，在该股的中长期投资上我们同样获得了不错的收益。图中方框内的颗粒型 K 线出现于 2008 年 11 月到 2009 年 1 月中，价格在双轨暴利 450-550 操盘线上企稳，从我们发现双轨暴利 450-550 操盘线上颗粒型 K 线的出现并决策建仓，在随后的一年多时间里该股价格从 4 元一路上攻，最高到达 46.98 元，上涨超过 10 倍。该股的市场行为再次见证了 450-550 操盘线复合上升颗粒型 K 线链组合的价值。

第 3 节

侧向整理颗粒型 K 线链

侧向整理，顾名思义就是价格沿着水平方向运动，即我们平时所说的横盘整理。在本书中我们会非常重视该 K 线链与 450-550 操盘线的组合应用，更多的情况下关注一个间距较窄且长久时间的水平 450-550 操盘线。当价格能够有效穿越该操盘线压制并获得重要支撑时，股价进入整理形态，而且是以侧向整理颗粒型 K 线链为表现形式，则行情展开主升浪已经为时不远。侧向整理的颗粒型 K 线链实际上是股价上穿 450-550 操盘线后主力机构利用该形态来完成洗盘，这为我们的实战增添了有章可循的信号。

康力电梯（002367）操盘案例。

图 6-7 为中小板中的康力电梯走势图，图中 450-550 线之上出现了侧向整理颗粒型 K 线链，股价在盘整后突破了该 K 线链的整理区域，价格随后出现加速上涨，短期升幅较大。侧向整理 K 线链同样出现在我们的 450-550 操盘线之上，我们知道价格有效穿越 450-550 操盘线的行为是机构完成大部分筹码收集后的突破上涨行为，而该侧向整理的 K 线链更有洗盘之意，两者结合让投资思路变得更加清晰。

中源协和（600645）操盘案例。

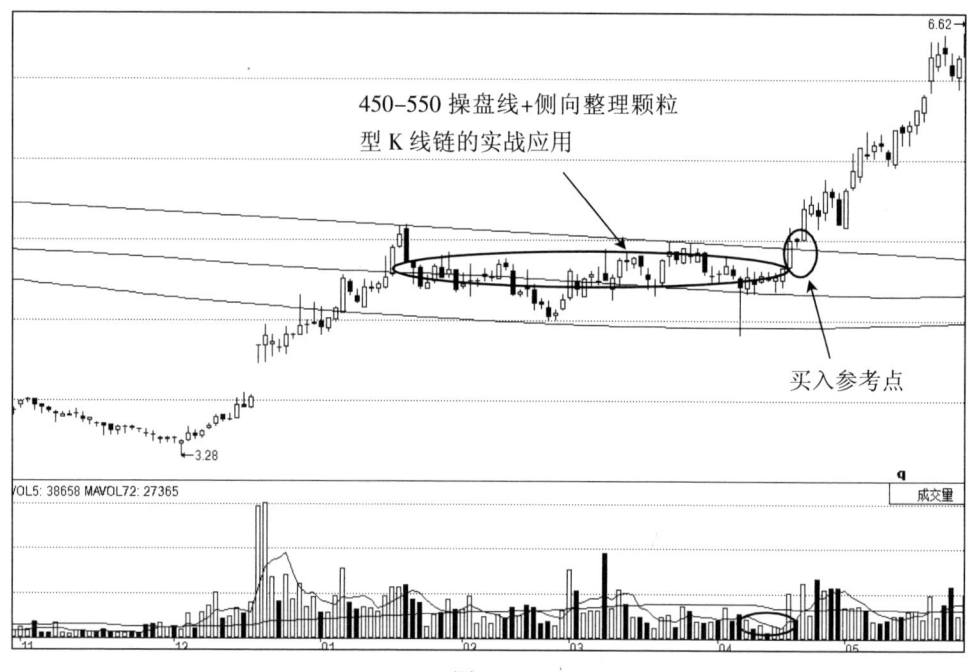

图 6-7

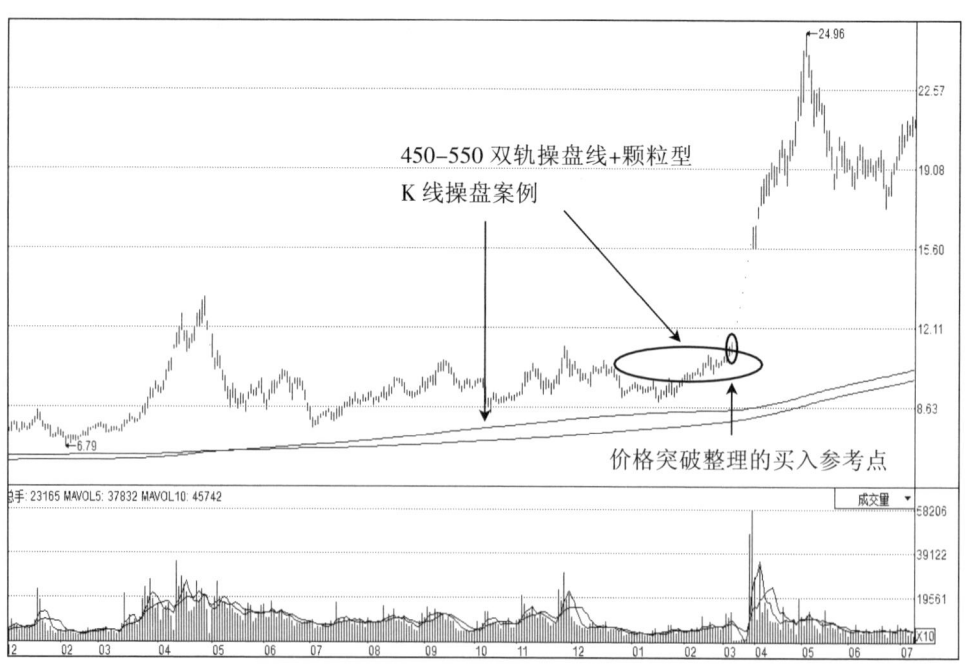

图 6-8

图 6-8 为中源协和价格走势图,从图中我们可以看到在股价暴涨之前出现的颗粒型 K 线链组合,如图中椭圆内所指示的,此时的价格运动首先是股价有效穿越了我们的450-550操盘线,而后出现颗粒型 K 线链,随后股价进入了拉升阶段。

德赛电池（000049）操盘案例。

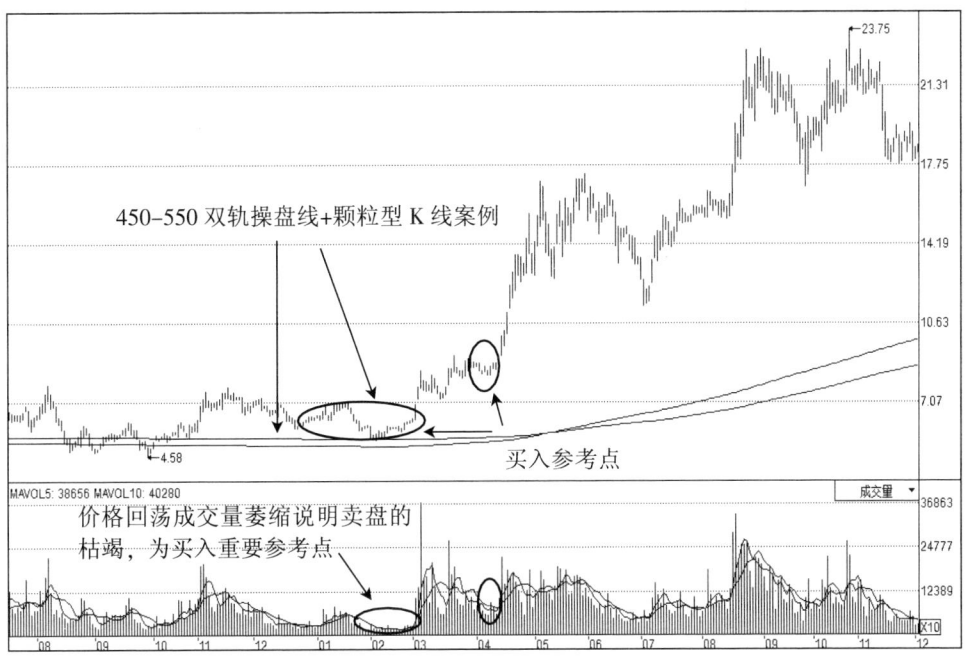

图 6-9

图 6-9 为德赛电池价格走势图,图中我们可以发现在双轨暴利450-550操盘线之上典型的侧向整理颗粒型 K 线链,如图中椭圆内所指示,随后的价格发展再次佐证了双轨暴利450-550操盘线复合颗粒型 K 线链在实战中发现黑马的价值,它可以在很大程度上为投资者的决策提供可靠的参考依据。

第 4 节
雪崩前的下跌颗粒型 K 线链

本节我将重点就下跌型颗粒 K 线链在实战中的巨大价值结合案例与投资者进行探讨。鉴于该 K 线链出现后的巨大杀伤力,我们将其定义为雪崩前的下跌型 K 线链。该 K 线链常常出现在股价连续上涨后远离 450-550 操盘线,注意风险的意识要特别强。

首先我们介绍一下该 K 线链的实战要点。通常情况该 K 线链大都出现在股价已经连续上涨数倍的个股中,此时伴随着机构的缓压式出货行为,最终展现出该 K 线链的重要市场特征。在实战中投资者需要注意以下几个方面:

(1) 价格已经大幅度拉升脱离主力成本区。

(2) 前期有过较大的活跃性成交量。

(3) 若该股为高控盘庄股,则放量后出现的颗粒型 K 线链在预测价格的雪崩式下跌前意义重大。

(4) 在出现颗粒型 K 线链后,价格重心整体开始下移,此乃强烈的买盘不足的重要信号。

(5) 股价已经偏离 450-550 操盘线超过 50% 的空间。

广州发展 (600098) 操盘案例。

图 6-10 为广州发展的股价走势图,下跌颗粒型 K 线链形成在头部,整理区走势很像三重顶形态,随后在价格跌穿

图 6-10

该整理K线链后开始疯狂下挫,短期跌幅超过20%。这对持有者来说是一个不小的打击,请投资者在发现该类下跌颗粒型K线链后要保持高度警惕,随时做好撤离准备,一旦跌穿整理区坚决做空,尤其是股价已经大幅度走高并在偏离450-550操盘线50%的空间外时,则可靠性更高。

新疆屯河(600737)操盘案例。

图6-11为新疆屯河的价格走势图,请看图中椭圆内形成的典型下跌颗粒型K线链的做空威力。价格在跌穿双轨暴利450-550操盘线后即开始加速暴跌,未出局的投资者都蒙受了巨大的损失,而若投资者及早认识到该K线链的重要性,以及当该K线链跌穿我们的450-550操盘线后的巨大市场风险,就完全可以避免这么大的下跌。对于股价已经连续上涨数倍的个股,一旦出现该K线链组合并跌穿450-550操盘线,投资者就必须果断卖出手中的筹码,因为这是雪崩前的K线

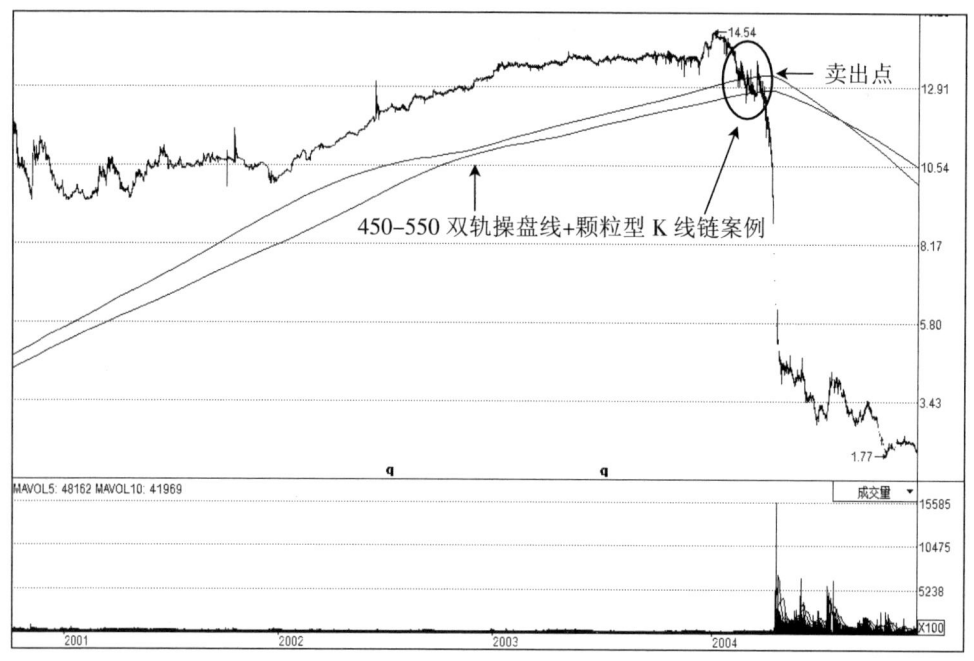

图 6-11

链，下跌将成为必然。

请继续看下面的案例，虽然该股诠释了一次历史造假事件所带来的巨大风险，但在其价格破裂前同样没有能逃脱我们的监控。

银广夏（000557）操盘案例。

图 6-12 为银广夏价格走势图，图中椭圆内所示为 2001 年 8 月之前的价格轨迹，此时该股股价坚挺，也曾一度以骄人的业绩和充满诱惑力的前景被称为中国第一蓝筹股，而后《财经》杂志发表的《银广夏陷阱》一文，让银广夏财务报表造假事件曝光，价格开始连续跌停，给散户投资者带来的决策机会几乎为零，根本无法出局，价格从 22 元高位一路下跌到 4 元附近，短期跌幅之大，令人咋舌，这是消息面永远的困局。懂得侧向整理颗粒型 K 线链的投资者，在该企业财务造假行为未曝光之前，已经可以通过盘面捕捉到该股可能

450-550操盘线与颗粒型K线链的实战组合

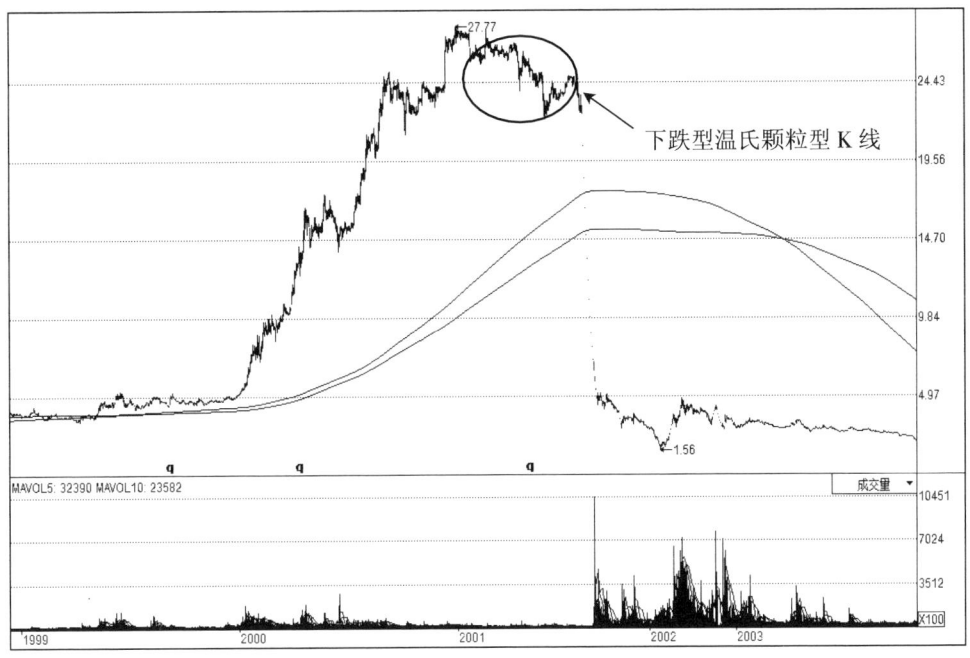

图 6-12

的巨大风险，它符合下跌颗粒型K线链的所有决策依据：首先是价格有过连续的飙升且偏离我们的450-550操盘线超过50%的空间；其次是在图中椭圆内我们看到了下跌的颗粒型K线链，价格重心开始下移，说明市场现象抛盘沉重，股价难以前进，而此时的价格距离该股启动已经上涨数倍，因此该K线链我们完全可以推理为机构的出货行为所致，而且该出货行为是缓压式的，即一点一点出，防止引起投资者恐慌。随后该股的市场行为尽管有其必然性，但我们通过经典颗粒型K线链复合450-550操盘线，从盘面上早已获得了重要的市场风险信号，正所谓技术走势涵盖一切。机构总是比我们有更多的信息优势，因此在实战中投资者不可不对我们谈到的经典技术组合进行深入的研究，以便从盘面上及时获得可能的市场信号。

一切的盘面信息已经告诉我们其价格发展背后所不为人

知的内幕。这是一个逐利的市场，一个金钱与智慧博弈的战场，有很多信息几乎都在被所谓的利益集团垄断并控制着，这也是为什么我们普通投资者很难通过公开信息得到高额收益的直接原因吧。

第七章　黑马实战精华

在450-550操盘系统上究竟什么样的股价运动行为能成为超级黑马，如何透过价格运动来发现黑马，以及发现黑马后该如何实战操盘……这些都是本章所要讲述的内容。我们坚信，历史往往会重演，这不仅是技术分析的三大公理之一，更是市场利益博弈的结果，周而复始，无始无终。希望投资者通过领悟我们的450-550操盘系统，在股市中早日发现自己的超级黑马。

第 1 节
通过龙虎榜发现涨停后的暴涨机会

在发现超级黑马的问题上我们始终坚定地认为,在盘面上能够有巨大影响力和活跃度以及关注度的个股其背后一定隐藏着重要的玄机,而龙虎榜即是发现黑马的重要窗口。在研究涨跌龙虎榜中,我们会对底部出现的第一个涨停板偏爱有加,它可能是股价启动的信号弹,也可能是机构入场的浪花,只要它是出现在450-550双轨之上,则可靠性将放大数倍。

我们认为底部第一个涨停板、任何敢于连续涨停和敢于涨停的个股中都存在机构的身影,涨停的背后是有机构在试盘,或者是机构在用涨停的方式脱离建仓成本区,或者是其在拉抬股价启动主升浪,当然还有高位涨停出货的虚假性涨停等,而在本节中我们将重点来研究股价涨停与450-550操盘线的关系,希望通过这两种极端的投资思路捕捉到超级黑马。

我们将股价采用涨停板的方式穿越450-550操盘线的实战价值通过案例来为投资者逐一展示,我们认为在涨跌停板背后一定有某种重要的资金力量在暗流涌动,比如底部涨停板,在我们的长期研究与实战中,发现在价格连续的长期整理区域,一旦某一日出现涨停,往往孕育着机构强大的攻击冲锋号特征。当然我们更喜欢涨停板的发生是在消息面平静之下的结果，这更能真实地反映主力机构的意图和决心，而非受消息刺激而出现的冲动型买盘所导致的涨停板。

案例1：探路者（300005）。

图7-1

图7-1为探路者的一段价格走势图，投资者可以在图中圆圈内发现底部涨停板，随后价格一路上攻，短线介入者获利丰厚。市场信号出现在突破450-550操盘线之时，随后该股有效穿越450-550操盘线后的连续上涨行为再次说明了其所蕴含的市场意义，也反映出机构利用涨停板来打开局面的决心和勇气。就探路者来说，它成功穿越450-550操盘线后，进行了缩量回调，在450-550操盘线附近止跌企稳，然后才进入快速拉升，给掌握450-550操盘线的投资者提供了绝佳的买入的机会。

案例 2：金科股份（000656）。

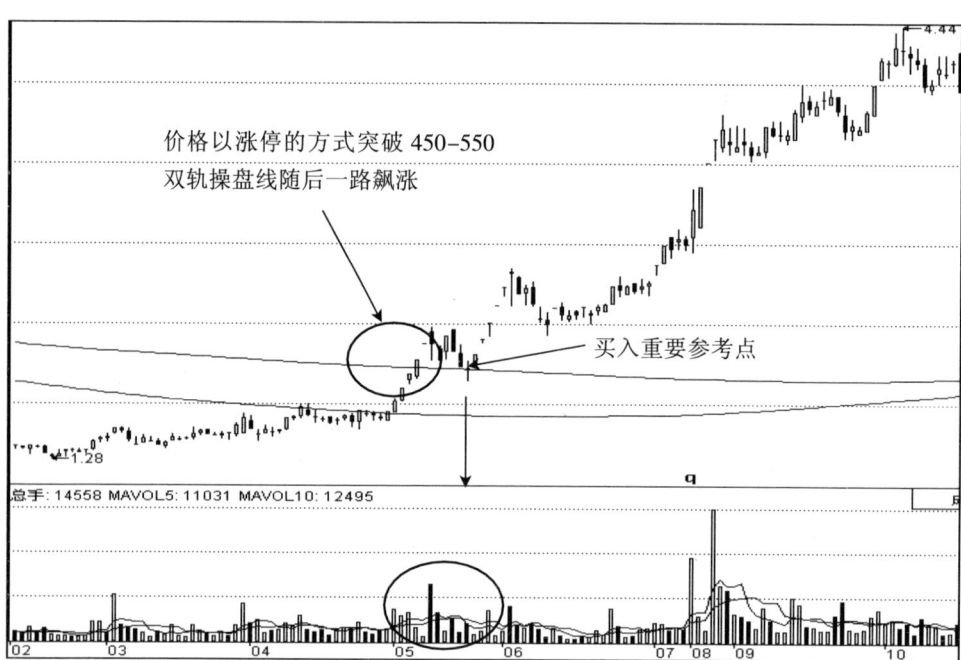

图 7-2

图 7-2 为金科股份的一段价格走势图，价格在底部连续的震荡整理，图中圆圈内我们可以看到一个突破性的涨停板，以及涨停板时的成交量，随后进行强势回调，在 550 线处企稳，然后使用连续涨停的方式进行拉升，机构攻击态度坚决。需要投资者密切注意的是，强势洗盘回档中成交量迅速萎缩，这是主力机构拉升股票前惯用的手法，投资者一定要认真体会。

案例 3：前锋股份（600733）。

图 7-3 为前锋股份的一段价格走势图，我们的介入点刚好是发生在连续涨停的前一天，当日该股以上涨 9.45% 的价格收盘，收盘价 6.6 元，我们在突破后介入，介入价 6.51 元，随后该股停牌近 3 个月，开盘后一路逼空性上攻。我们

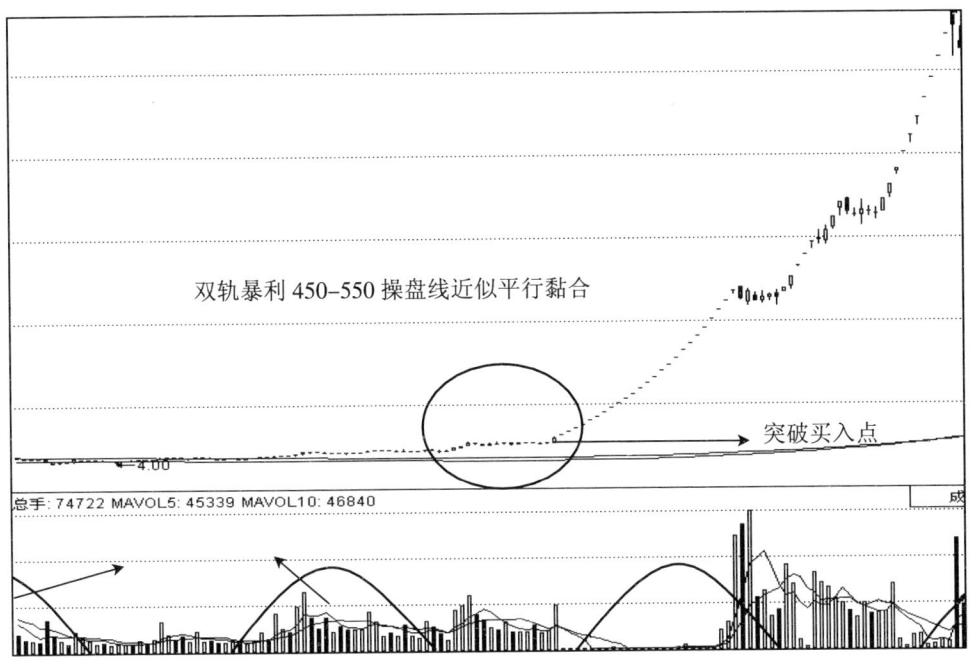

图 7-3

在此不讨论该股未来的资产注入，或者重组等消息面刺激，这些信息我们很难得知，但在价格图中我们已经找到机构上攻的蛛丝马迹，一匹脱缰的野马呼啸而出。在图中所示最后交易日，该股收盘价 50.47 元，涨幅在短期内近 7 倍之多，如果你在当日同样的按照我们的理论指示买入，比如买入了 10 万元，那半年后投资者的收益将达到 700 万元之多。用该图的目的是在提醒投资者，我们所谓的底部涨停并不一定都要封停，只要是攻击性的大幅度上涨，涨幅超过 9%，未来的价格都会大有所为。最为重要的密码是涨停板必须发生 450-550 操盘线之上，图 7-3 中我们同时看到了颗粒型 K 线链，看到了操盘线双线水平窄间距等前面章节中介绍的发现黑马的图形特征，这才是我们操盘思想的核心。

第2节
大角度直线上攻型

股价快速上穿450-550双轨操盘线后沿大于60度角度直线上攻,我们称为大角度上攻。由于其上攻一般具有凶悍的持续性,几乎无回档,股价连续涨停,因此我们有必要通过案例将该操盘模型与各位投资者分享。

神马实业(600810)操盘案例。

图7-4为神马实业的股价走势图,图中我们看到股价以涨停的态势向450-550操盘线发起了进攻,股价一举放量穿越操盘线压制,随后继续跳空上攻。就该股的暴涨行为来分析,首先是450-550操盘线呈现水平且窄间距的类型,这是超级短线攻击容易发生的重要形态。其次,价格以涨停的气势大角度放量穿越双轨操盘线压制,可以看出机构操盘手做多的意愿和决心。我们不知道该股有什么重大利好,但就技术面调整到位,用底部涨停的方式进行攻击,就为我们投资者带来了重要的投资机会,当股价穿越450-550操盘线之时即是重要的买入参考点。

浪潮软件(600756)操盘案例。

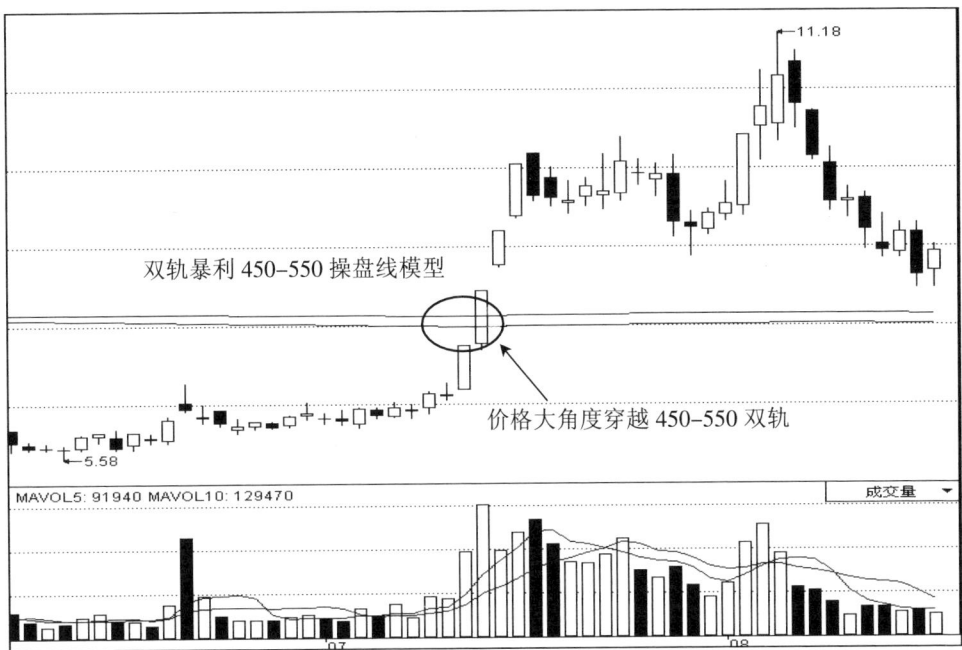

图 7-4

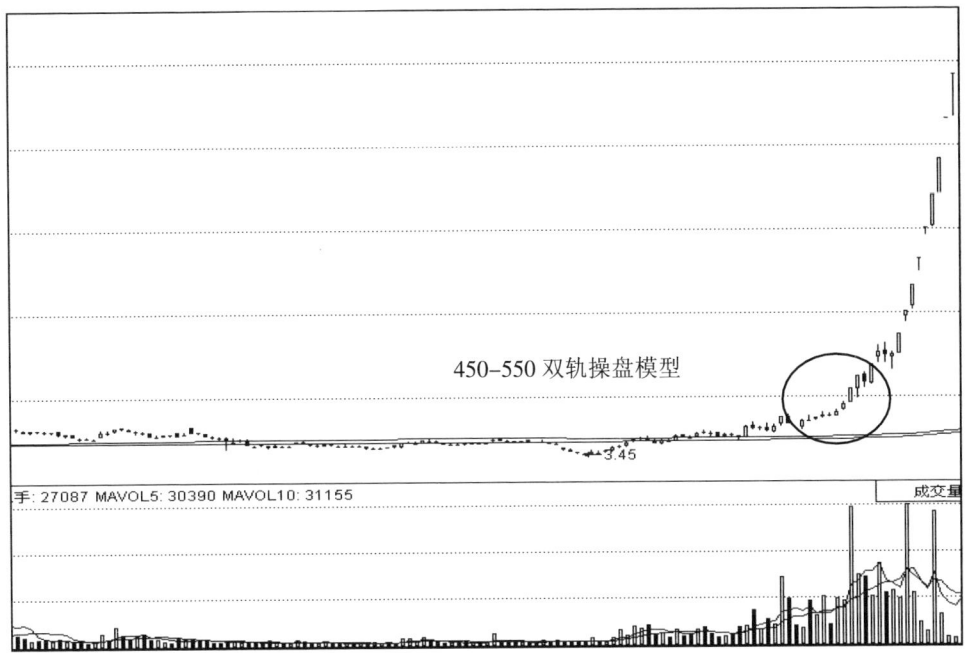

图 7-5

图 7-5 为浪潮软件股价走势图,从图中我们可以再次看出 450-550 双轨操盘线被有效突破后,价格大角度放量拉升的超级获利机会。该股出现连续性的暴涨之前我们看到了 450-550 操盘线长期走平,股价在操盘线上下缩量横盘长达一年有余,机构吸筹的耐心可见一斑。我们不知道该股的幕后故事,但我们知道它为起飞做好了足够的准备,扣动扳机的时刻就在眼前,我们就用本书中所讲的知识去捕捉这只大牛股吧。

操盘要点如下:

(1) 价格有力度穿越 450-550 双轨操盘线压制。

(2) 价格放量大角度脱离双轨,此乃进入主升浪的明确信号。

双钱股份(600623)操盘案例。

图 7-6

图7-6为双钱股份的股价走势图，价格在有效穿越双轨压制后大角度进入拉升，短期涨幅巨大。在图中我们可以看到价格在双轨暴利450-550操盘线上的连续横向整理蓄势待发，随后价格开始大角度远离双轨暴利450-550操盘线，并一举突破价格在双轨暴利450-550操盘线的盘整带，其势若潜龙出海。

操盘要点：

(1) 价格穿越450-550双轨之前有较长时间的蓄势整理。

(2) 价格以大于60度的角度形成趋势性上升，此时为进入主升浪的重要信号。

第3节
具有爆发力的突破型

在实战中，我们将价格脱离原有运动趋势的图形统称为突破。发现爆发力的突破盈利模型始终是发现盈利机会的重要方法，因为价格的转势背后一定隐藏着某种重要的市场力量。实战中并不是所有的突破后的股价都会出现飙涨，那么究竟如何可以找到突破后的飙涨个股呢？当然还是不能离开我们的450-550操盘线。我们的希望仍然是突破图形发生在450-550操盘线之上，因为此时的突破才真正是有条件进入飙涨的主升浪。关于爆发力的突破图形在这里我们重点讲述下面两种类型：

（1）具有爆发力的个股其突破后的攻击力一定要具有加速度，即其价格波动幅度明显加大，同时上行角度也在放大，最好直接能以涨停的方式突破。

（2）价格在水平的双轨暴利450-550操盘线上的突破，价格穿越后开始以近似垂直的交错上攻形式进行。如图7-5中的浪潮软件。

汇通能源（600605）操盘案例。

图7-7为汇通能源的价格运行图，图中我们可以看到股价在低位长期蓄势后一举突破了整理区域，更为重要的是股价以涨停的态势突破了我们的操盘线压制。该股为典型的具有爆发力的突破操盘线的模型，随后股价一路上攻。

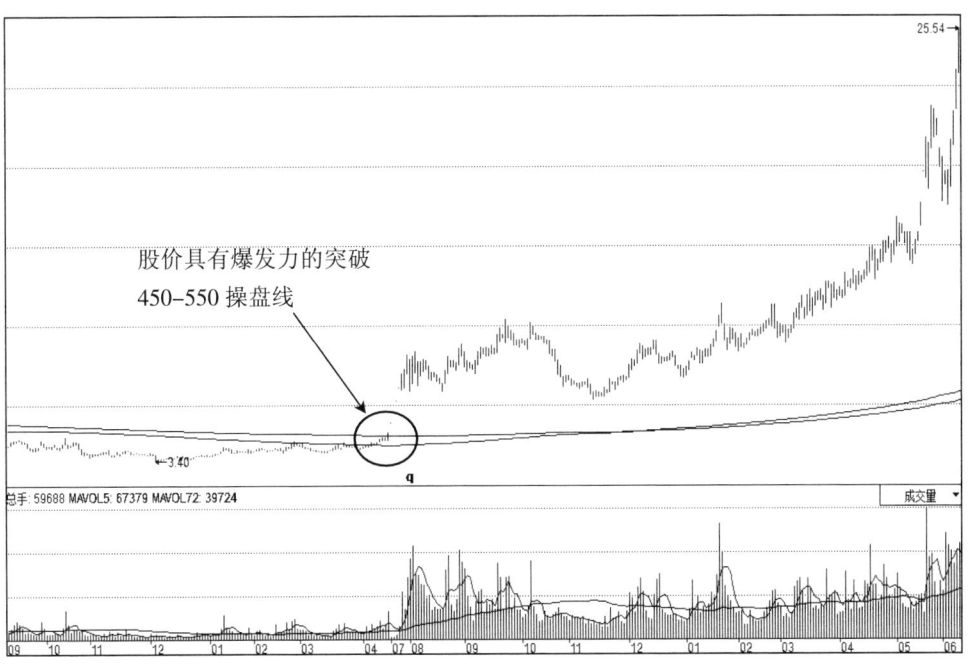

图 7-7

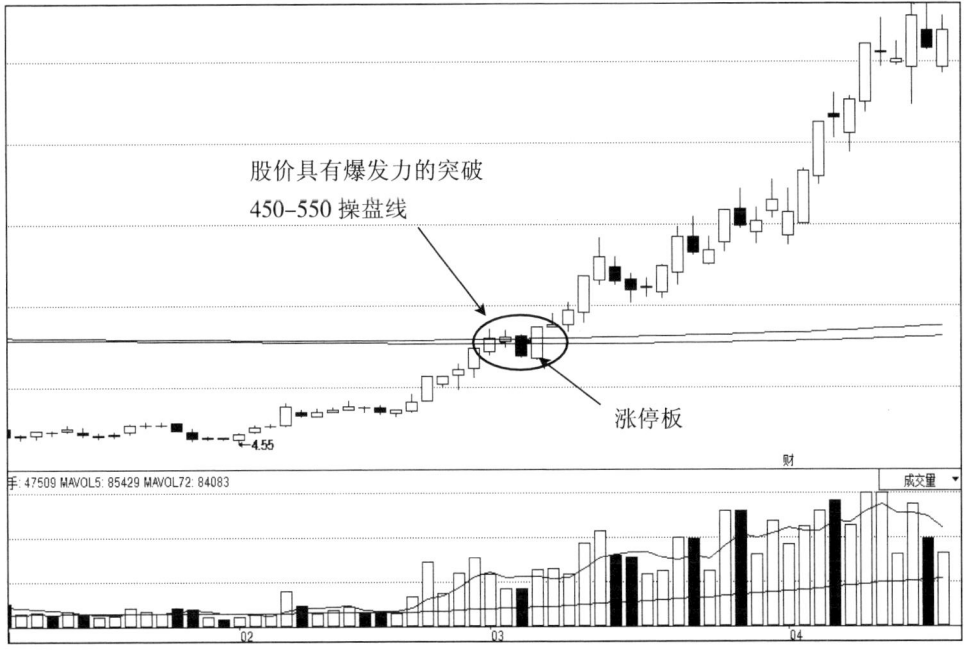

图 7-8

廊坊发展（600149）操盘案例。

图7-8为廊坊发展的价格运动轨迹，图中我们看到股价在突破450-550操盘线时的气概，同样是以涨停的方式进行了突破，即我们讲到的具有爆发力的突破操盘线的盈利模型。

第4节
零界区域的超级暴涨型

本节我们将重点介绍双轨暴利450-550操盘线+零界区域交易信号（零成交量）的操盘盈利模型。首先我们谈谈关于零界交易区域的问题，前面的章节中我们已经论述过了，这里我们再重复一遍，原因是它太重要了，在寻找主力机构方面给出的信息是100%准确。成交量近似于0的区域，空方卖盘已经接近枯竭，此时大局上为我们提供了无风险短线或者波段操机会。在用0交易量研判大盘底部区域方面也始终发挥着重要的作用，大盘一旦进入该区域，空方量能将暂时衰竭，随后的反弹将很快开始。

如图7-9为金证股份的价格走势图，我们看到在成交量零界区所对应的价格随后都出现了反转，为波段和短线投资者的介入提供了好的重要参考依据。投资者可以将每一次价格下跌中的成交量萎缩理解为下跌动力的衰竭，因为价格的继续下跌并不能导致更多的抛盘，此时的价格进入一种零界的状态，价格的下跌得不到成交量的有效配合，即成交近似为零的区域，尤其是这种运动出现在我们的操盘线之上，是主力机构洗盘的动作，主力在为随后的主升浪做准备。

图7-9中对应的成交量零界区域圆圈和价格区域的反转

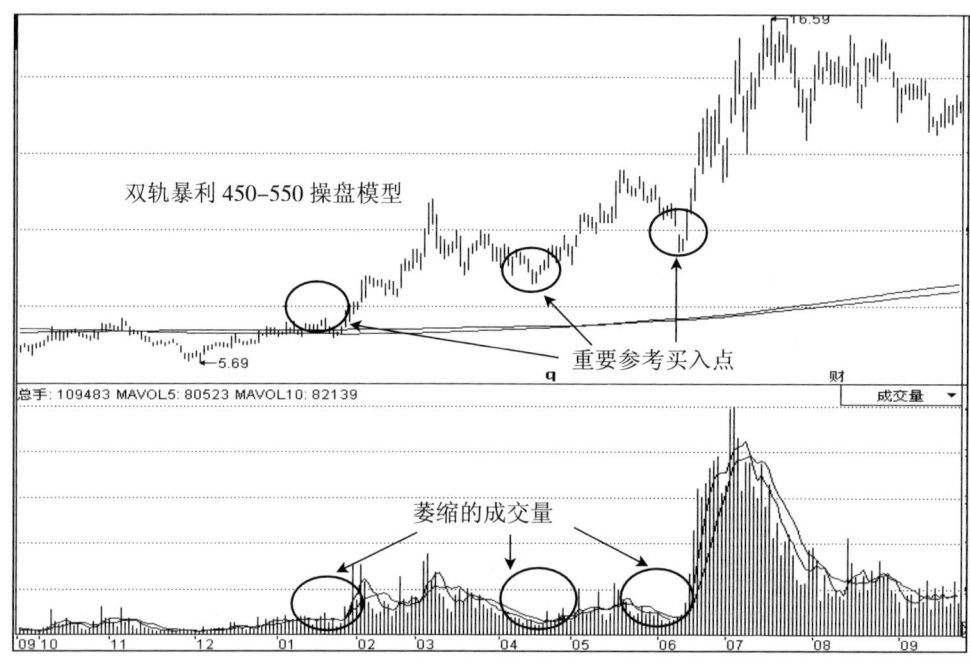

图 7-9

都是我们研究的重点，市场行为发生在价格穿越 450-550 操盘线后的回档之中，价格并未远离我们的操盘线，因此在其零界区的买入将具有很大的安全性。

皖通高速（600012）操盘案例。

图 7-10 为皖通高速的价格走势图，请看出现成交量零界区域后出现的强势反弹，从图中我们还可以发现另一个现象，即价格的回档处于双轨 450-550 操盘线之上。我们知道价格进入并穿越双轨 450-550 操盘线是主力中高度控盘的重要信号，此时价格的回档更多的属于洗盘的性质，同时我们用另一利器——零界成交区域监测到衰竭的价格运动区，短线调整到位的技术内涵为我们的买入决策提供依据。

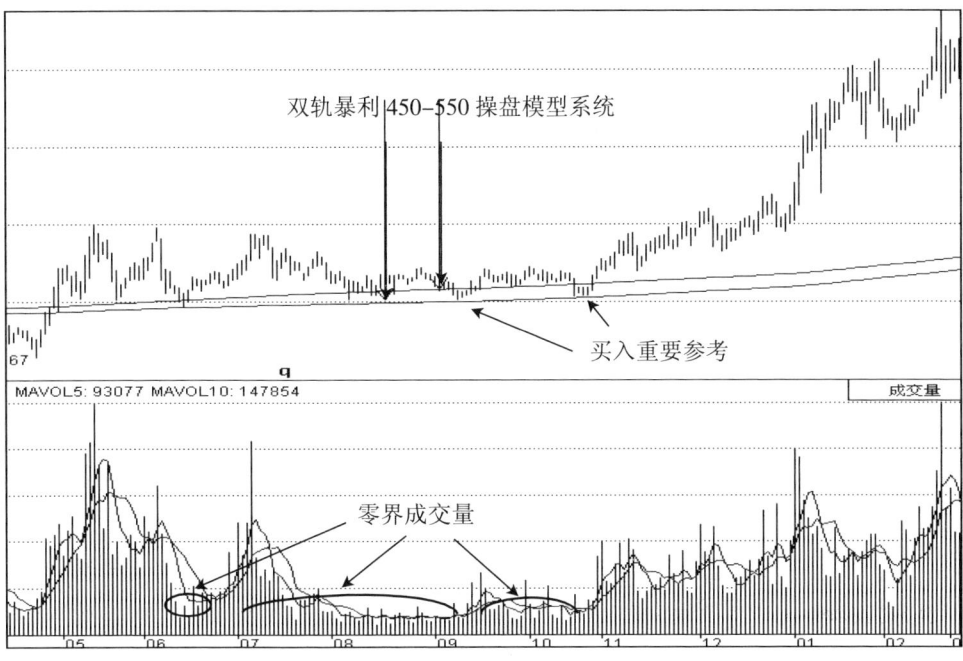

图 7-10

第 5 节
双剑合璧的机会与风险

本节中我们将重点讲述当450-550双线合二为一形成焦点或者近似黏合状下的获利机会与风险，我们将通过案例的形式让投资者一目了然的明白其中的要旨。

冠豪高新（600433）操盘案例。

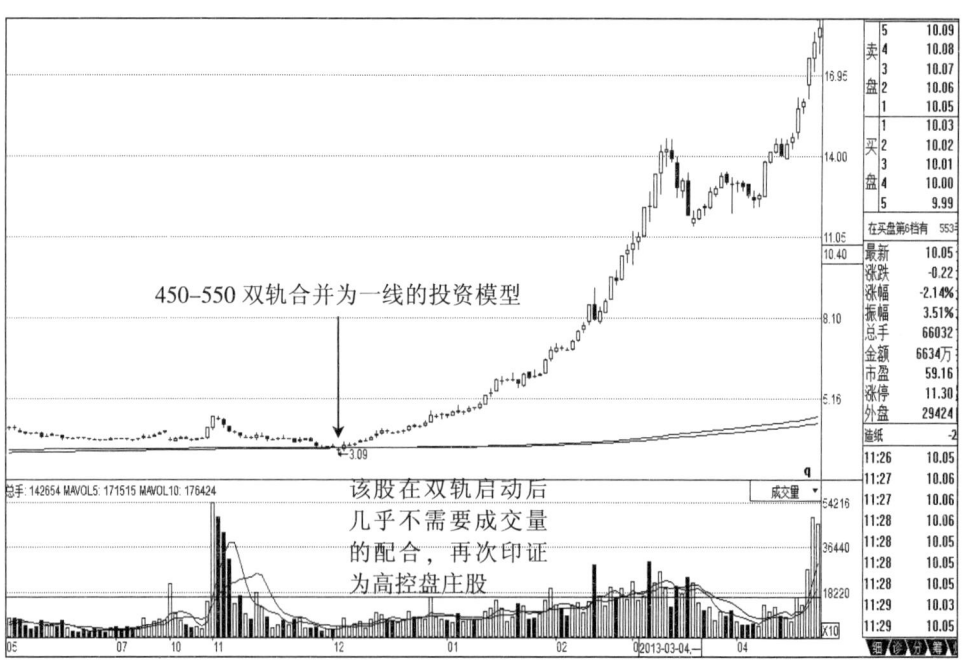

图 7-11

图 7-11 为冠豪高新的价格走势图，图中我们看到价格长期在低位徘徊震荡，价格在 450-550 线上突破后，450-550 神奇地出现了双剑合璧走势，双线合二为一，随后该股一路上攻，在突破前期高点的过程中成交量缩量过头，且价格在行进中成交量几乎处于均匀状态，再次印证了 450-550 操盘线对发现超级黑马的巨大价值。跟随 450-550 双剑合璧操盘线发现该股的投资者获益匪浅。

空港股份（600463）操盘案例。

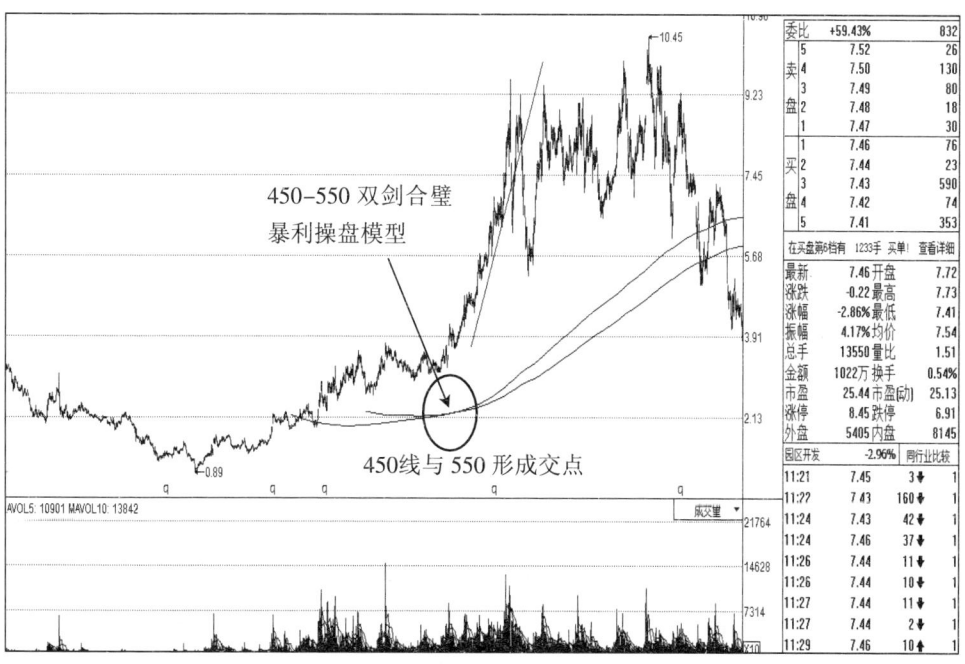

图 7-12

图 7-12 为空港股份的价格走势图，图中我们可以发现在价格尚未穿越双轨操盘线前持续的弱势格局，而价格穿越后随即开始爆发主升浪，而双线形成的交叉点即是关键性买入参考点。450-550 操盘线形成金叉后股价出现了连续上涨，在决策中投资者需要注意的是，买入股价不要超过

操盘线50%以上的空间，距离操盘线越近越安全。

迪康药业（600466）操盘案例。

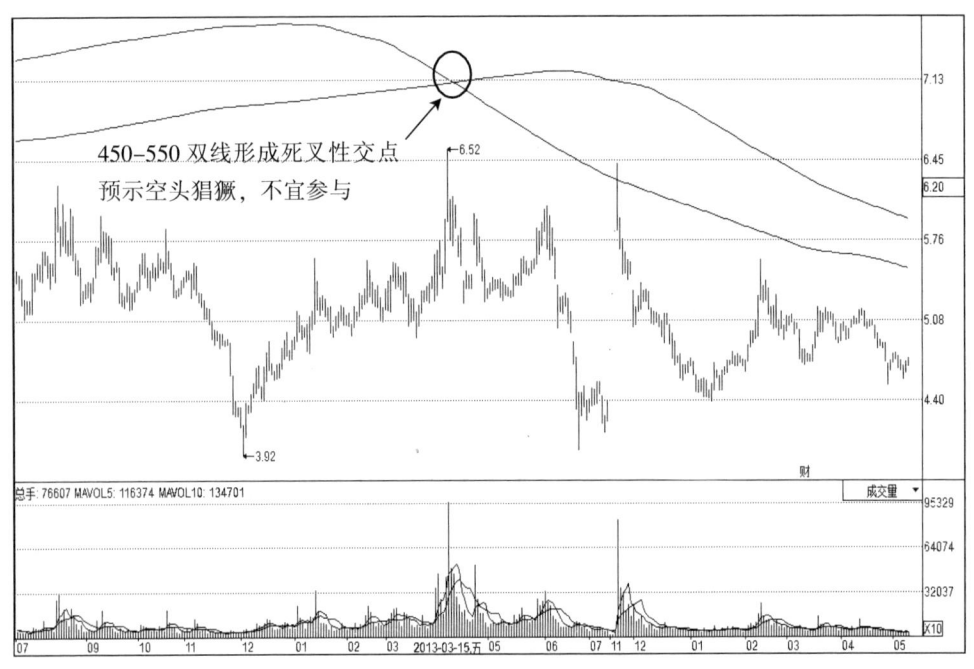

图7-13

图7-13为迪康药业价格走势图，图中投资者可以看到双线合璧的价格运动图形，450线下穿550线形成死叉，此时的市场意义为该股空头猖獗，长期做多的投资者开始放弃该股，即长期投资者已经看淡该股后势，因此出现操盘线的死叉，当投资者发现该类价格图形时一定要十分警惕，因为危险随时会发生。

乐凯胶片（600135）操盘案例。

图7-14为乐凯胶片的价格运行轨迹，投资者同样可以看到450-550双轨操盘线对价格的屡次压制，价格的每一次对操盘线的反击都无功而返，此时的市场含义是长期投资者依然看淡该股的后市发展，主流机构并未开始买入该股。

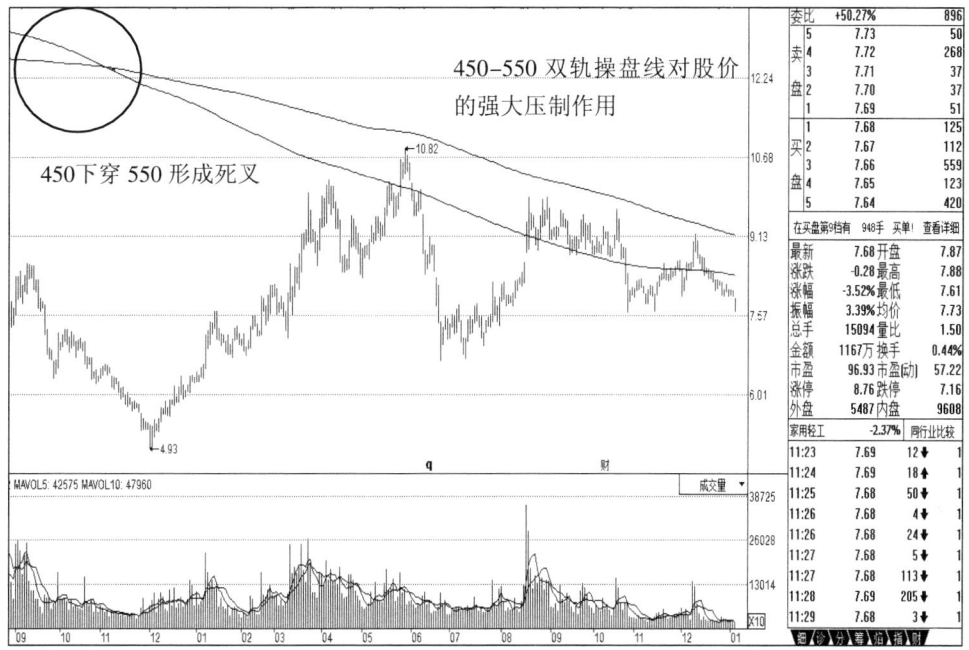

图 7-14

我们可以很清楚地看到，450-550 操盘线向下且有死叉，证明长线资金看淡该股，价格反弹触及 450-550 操盘线附近时都是短线卖出点。此时我们只需要依据 450-550 操盘线来操作投资就变得很简单了。

建发股份（600153）操盘案例。

图 7-15 为建发股份的价格运动轨迹，图中我们看到了水平的 450-550 操盘线近似合二为一，且开始拐头向上，此时的市场含义是市场主流资金已经大量囤积，上升趋势将随时展开，后面的走势再次证明了我们的分析。

操盘要点：

（1）价格穿越 450-550 操盘线，之前价格持续进行了长时间的横盘整理。成交量有不间断地放出，此乃机构吸货的重要信号。

（2）450-550 操盘线双线间距近似为零，说明长期投资

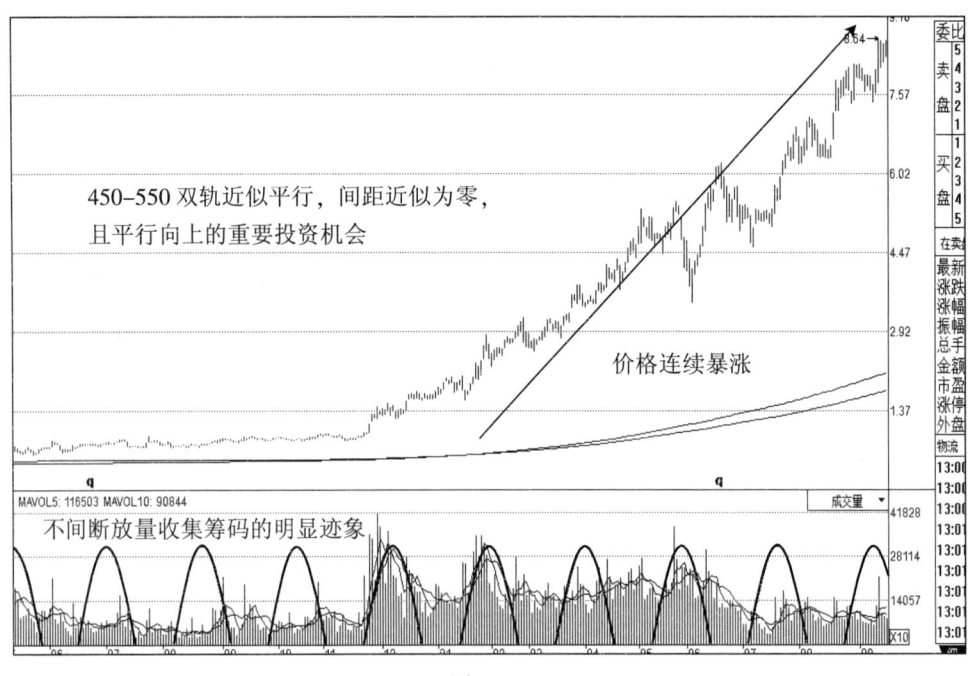

图 7-15

者对该股投资倾向趋于一致。

(3) 450-550 操盘线右倾向上,说明多头力量积聚完成即将爆发,价格趋势已经彻底摆脱空头抑制。

第 6 节
450-550 操盘线穿越后的操盘

本节我们将重点讲述价格在有效穿越 450-550 操盘线后的操作思路，我们依然通过案例简洁明了地让投资者领悟该盈利模型。

智光电气（002169）操盘案例。

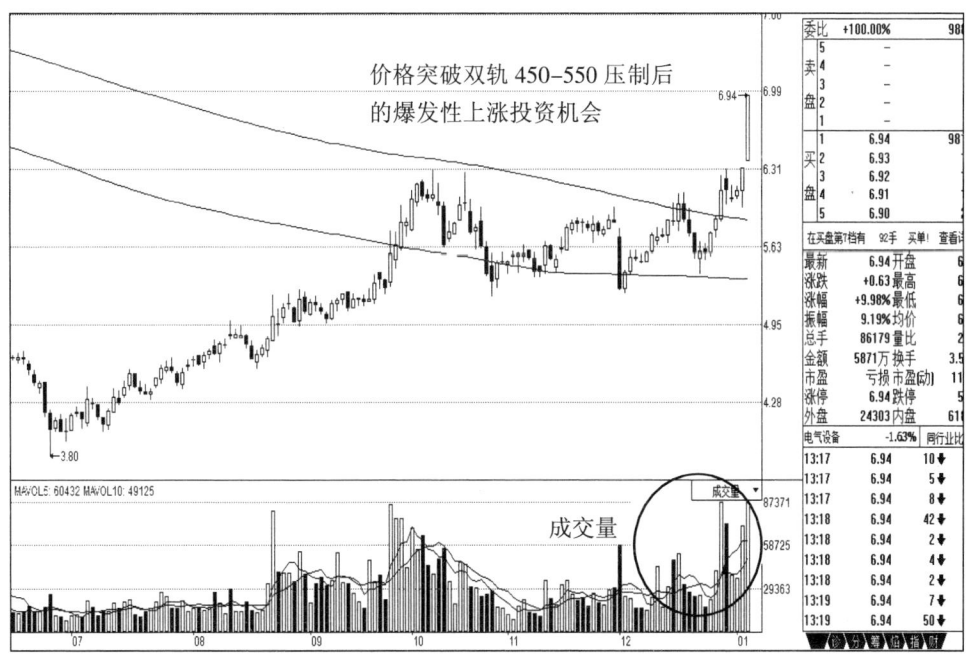

图 7-16

图7-16为智光电气价格运动轨迹，我们看到股价首先在双轨中间震荡徘徊蓄势，随后一举放量穿越了450-550操盘线的压制，而后股价开始了爆发性上涨。实战中该类价格穿越图形很多，从图中价格穿越前的蓄势震荡也可以看到，我们提出的操盘线对市场价格的重要影响。

操盘要点：

（1）价格突破长期空头450-550双轨压制，进入拉升，此时成交量大幅度放大，证明多头挺进力量巨大。

（2）买入要点为成交量必须同步放大。

（3）交易策略为短线，因为450-550双轨并未彻底摆脱空头走向。

（4）若价格有效缩量回档，则在再次缩量回落至操盘线获得支撑时买入。

拓维信息（002261）操盘案例。

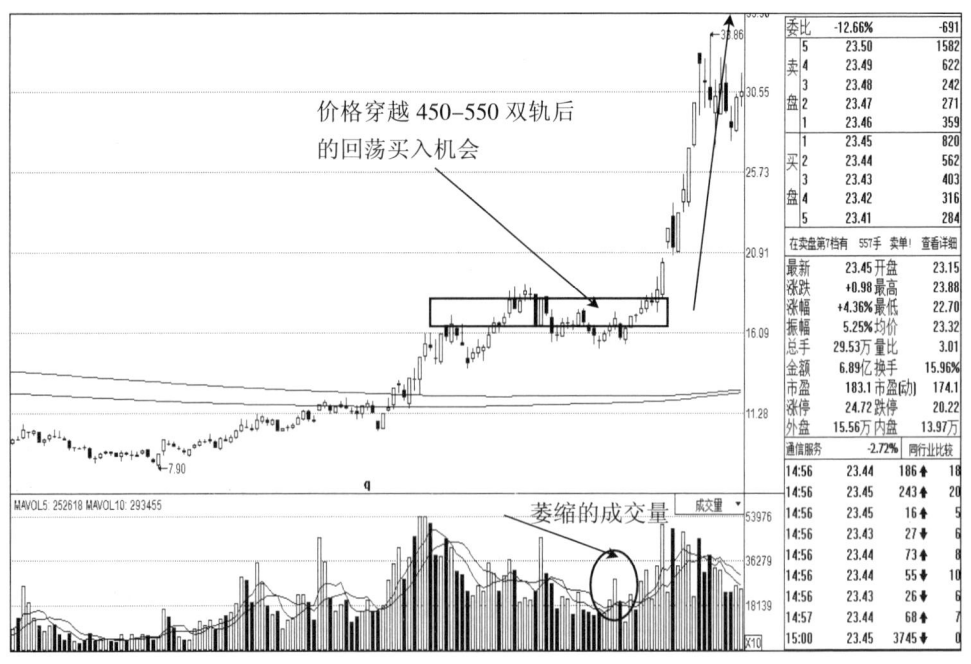

图7-17

图 7-17 为拓维信息的一段价格走势图，图中价格在穿越 450-550 操盘线后进入了蓄势整理阶段，而在整理阶段成交量同样出现了大幅萎缩，价格回落至操盘线附近时企稳，这为投资者带来了很好的买入机会。

操盘要点：

（1）价格在连续的放量中穿越双轨长期压制，说明市场多头能量充沛。

（2）价格穿越双轨后进入了暂时的蓄势整理，此间一方面是机构为了清洗获利筹码减轻拉升压力；一方面也是对价格穿越的回档确认。

（3）双轨由下降转为水平并逐步趋于向右倾斜，此现象为空头能量衰竭的重要信号。

（4）在成交量萎缩至极点买入，再次向上突破时加倍买入。

银基发展（000511）操盘案例。

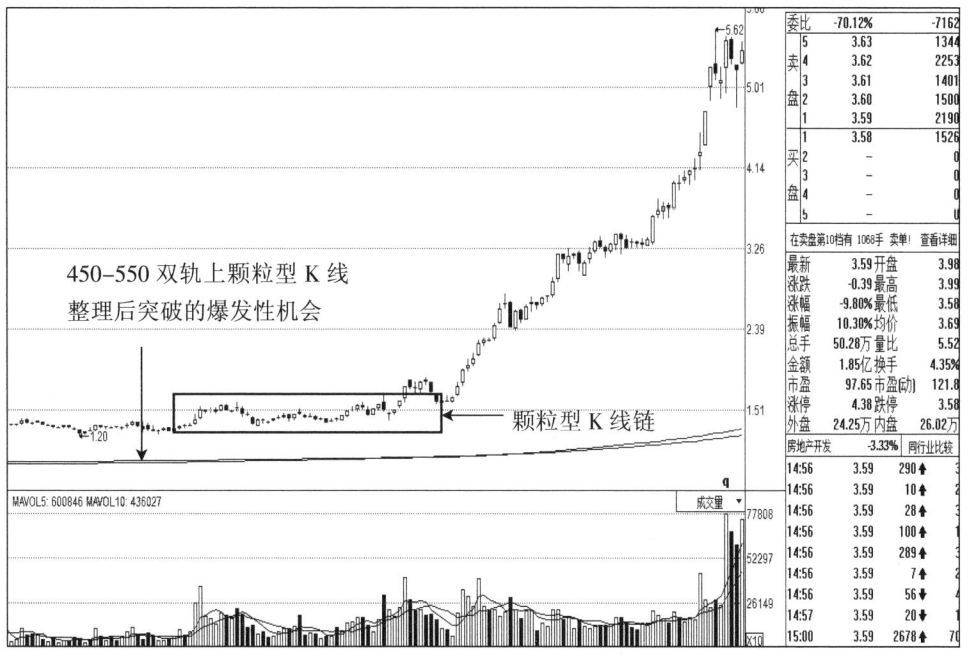

图 7-18

图 7-18 为银基发展爆发前的价格运动轨迹，首先投资者可以通过 450-550 双轨暴利线发现该股机构已经控盘，且图上我们同样可以发现颗粒型 K 线链，同时操盘线近似水平且间距很窄。所有这些构成超级黑马的要点它都具备，因此该股随后的爆发性上涨也在情理之中了。

操盘要点：

（1）价格穿越双轨后长期横盘整理。

（2）整理期 K 线形成颗粒型 K 线链。市场处于万籁俱寂之时，正说明机构持重仓的市场现实。

（3）价格随后突破该整理平台为重要买入参考点。

（4）双轨由水平开始向右倾斜，说明大级别的多头主力开始挺进市场，重要的战略投资机会已经做好准备，即将出现大幅拉升。

银之杰（300085）操盘案例。

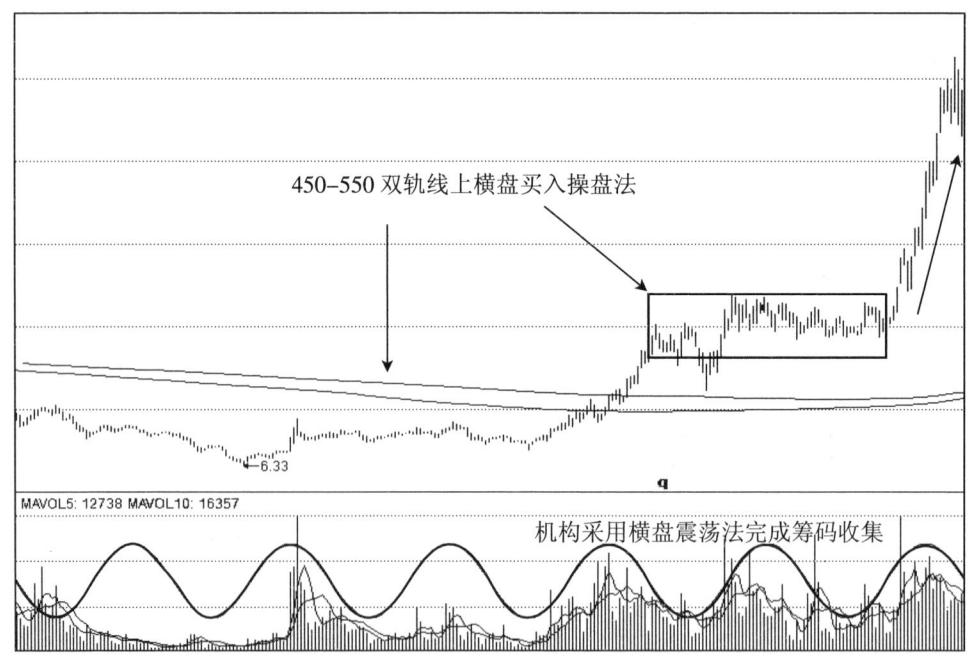

图 7-19

图7-19为银之杰的一段价格走势图,该股机构行为在我们的操盘线上一目了然。

操盘要点:

(1) 价格首次穿越双轨操盘线压制,为多头力量持续增仓推动价格的结果。

(2) 双轨由下降转为水平,说明空头力量消耗殆尽,而此时消耗空头的主流力量来源于市场多头的持续性增仓行为,说明多头持续看好该股未来的发展,因此产生了持续放大的成交量,买力越来越强。

(3) 价格穿越450-550操盘线后开始横盘震荡整理,成交量不间断放大,此时价格脱离操盘线并未超过50%,因此在回档中将存在重要的买入机会。

天舟文化(300148)操盘案例。

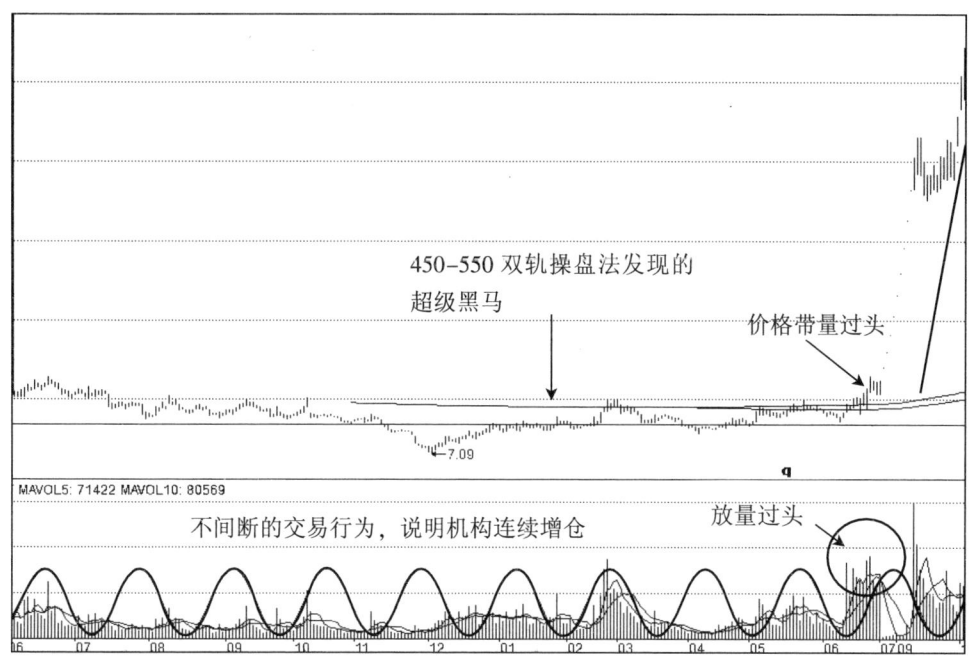

图7-20

图 7-20 为采用 450-550 双轨操盘法发现的超级黑马走势图，在图中我们发现了价格穿越操盘线的压制，这期间成交量不间断出现放大并呈规律性，随后价格放量穿越前头部并一举穿越了 450-550 操盘线，展开了主升浪行情。

操盘要点：

（1）价格长期横盘震荡，穿越 450-550 双轨操盘线。

（2）成交量不间断放大，价格底部逐渐抬高，说明机构多头在连续性增仓。

（3）爆发的一刹那，成交量迅速放大，出现放量过头走势，说明多头主力不惜一切代价通吃历史套牢盘的决心。

综合以上三点成就了该股随后的爆发力走势，短期涨幅超过 4 倍，即便投资者对该股基本面一无所知，用我们的双轨暴利 450-550 操盘线就能在第一时间发现它，据此操作的投资者获利丰厚。

量子高科（300149）操盘案例。

图 7-21 为我们使用 450-550 双轨操盘线在大盘弱势中再次捕获的超级大黑马量子高科的走势图，短期涨幅接近 3 倍。

操盘要点：

（1）价格有效穿越 450-550 双轨压制，多头能量累积完毕，爆发随时展开，进入监测目标范围。

（2）价格震荡区域发现机构连续温和建仓量能。

（3）股价穿越前头部巨量推升，此巨量反映的市场含义为机构肆无忌惮，不惜一切成本通吃所有历史套牢盘的勇气和决心。

（4）450-550 双轨近似平行且间距很小，说明启动在即，机构收集筹码接近尾声。

综合以上成就了投资该股短期迅速翻倍的走势，同样的也再次证明了双轨暴利 450-550 操盘法的威力。

第七章 黑马实战精华

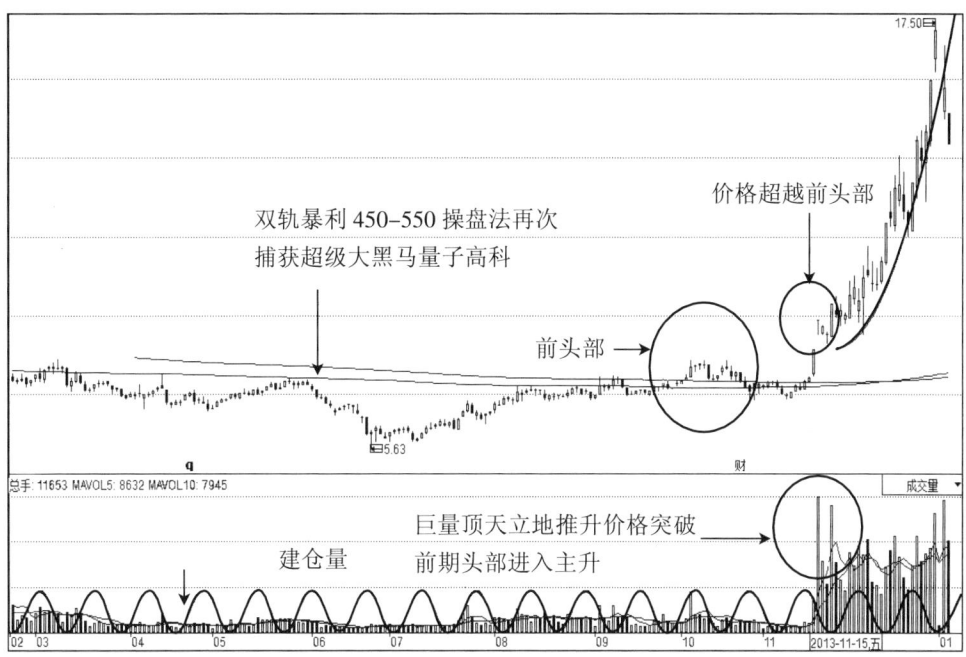

图 7-21

第7节
突破450-550操盘线平台整理后的操盘

突破是我们本书的核心内容,尤其是价格对450-550操盘线的突破更是我们研究的重点,而突破450-550操盘线之后的平台整理更是诞生超级黑马的窗口。因此在本节中我们继续重点与各位投资者探讨突破的应用,请继续看下面的案例。

图7-22为皖维高新的一段价格走势图。从图中我们看出在450-550双线缓慢向下的过程中,成交量不间断放大,此时为典型的机构潜收集期,随后价格在穿越450-550操盘线中开始放量,此时进入强收集筹码阶段,此阶段一方面机构要将前期套牢盘拿下,另外要承接低位获利盘的抛盘,因此必然需要放大的成交量配合,随后进入横盘整理区,此时成交量再次萎缩,说明机构已经开始控盘。我们由此可以判断,该股必志在长远,随后的突击放量开启了一波凌厉的上涨行情。

操盘要点:

(1) 价格穿越双轨450-550操盘线。

(2) 价格进入窄幅横向整理,窄幅在这里我们的定义是波动幅度控制在10%之内为最佳,当然越窄越好。

(3) 健康的量价关系,在回档触及双轨时成交量迅速

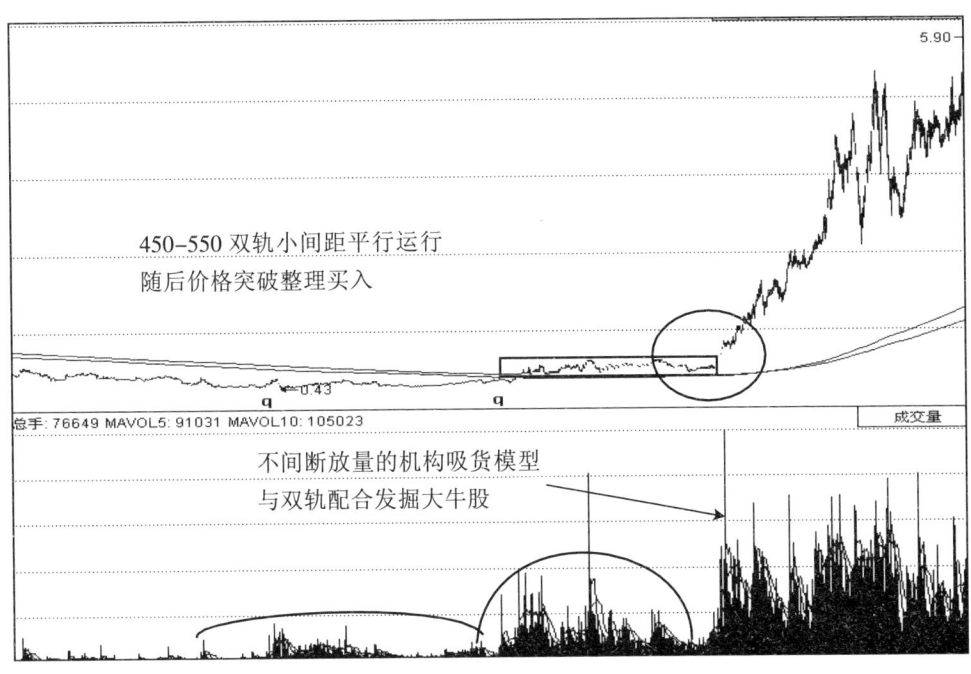

图 7-22

萎缩。

(4) 在450-550操盘线附近获得支撑,此时为第一重要买入参考点。

(5) 当价格突破整理平台后,缩量回档时为第二重要买入参考点。

第8节
价格上穿水平450-550操盘线后的操盘

水平的450-550操盘线形态是一种特殊的形态组合，当股价穿越该形态后往往孕育着短线爆发的投资机会。下面我们通过案例来为投资者展示其要点。

浦东金桥（600639）操盘案例。

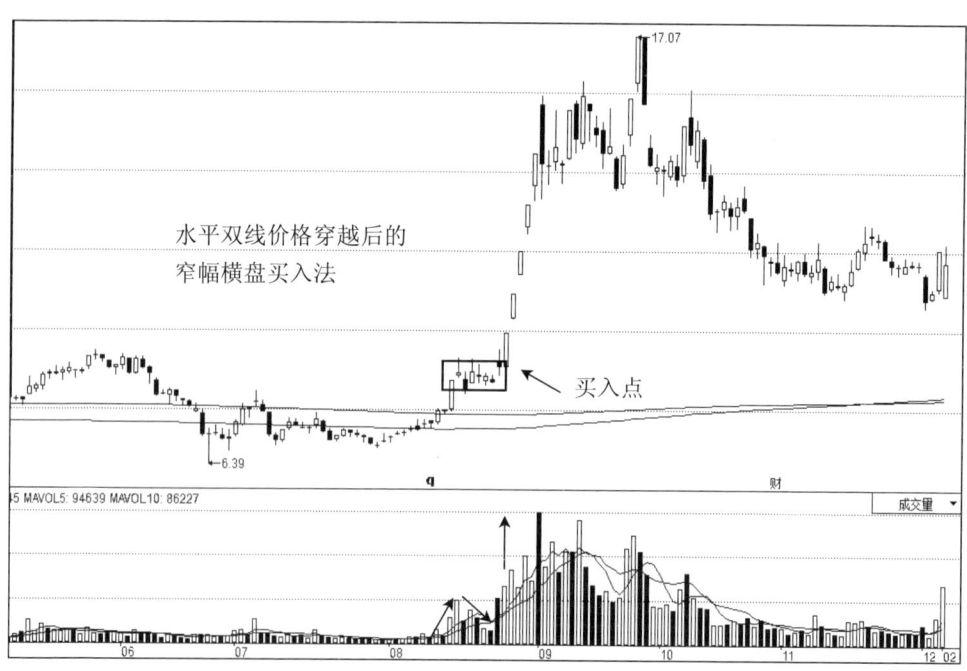

图7-23

图 7-23 为浦东金桥的一段价格走势图，首先 450-550 双线形成标准水平，且间距很小，随后价格有效穿越，回踩进入窄幅横盘阶段，在 450-550 操盘线上下做震荡，成交量迅速萎缩，量价配合健康，在洗掉持股不坚定的散户后，接着是在成交量的配合下大幅拉升，开启了有力度的主升浪上攻行情。价格在突破水平窄幅横盘的一刹那即为第一重要的买入参考点，在强势整理平台突破后的上方为加仓点，也就是第二买入参考点。

操盘要点：

(1) 价格放量上穿水平 450-550 操盘线。

(2) 价格进入窄幅横盘，成交量迅速萎缩。

(3) 放量突破整理平台，此时为重要买入参考点。

第9节
价格上穿窄间距向下的450-550双轨的操盘

本节我们将通过案例为投资者再度展示一种获利的操盘模型,窄间距向下的450-550操盘线被穿越后的市场机会。

安信信托(600816)操盘案例。

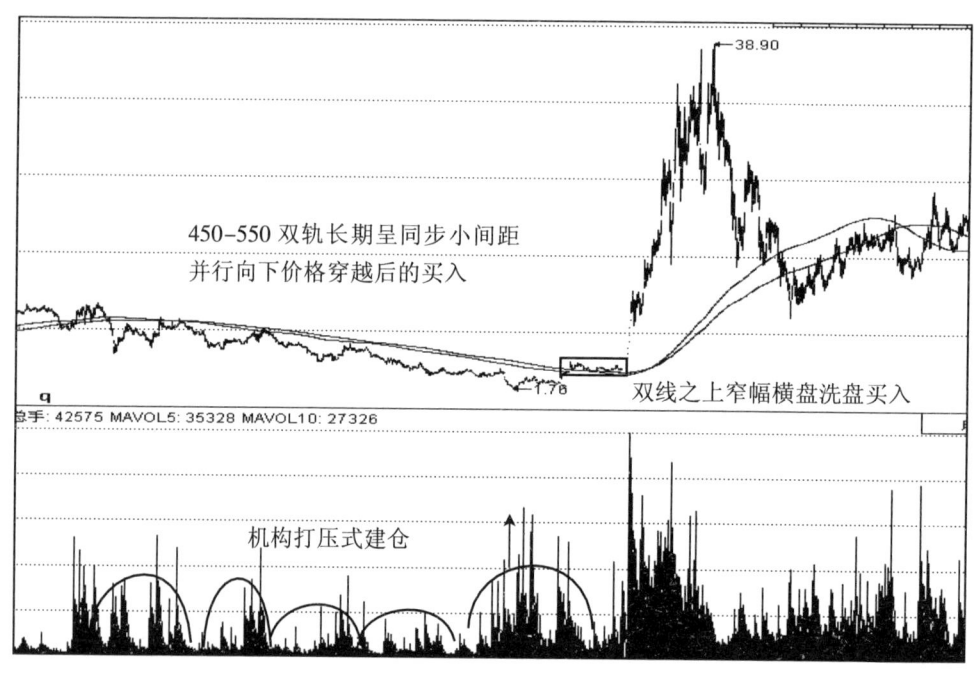

图 7-24

图 7-24 为安信信托的一段价格图形，图中我们可以看到 450-550 双轨长期呈现同步小间距并行向下走势，随后价格穿越了双线压制，整理后开始了一波凌厉的拉升行情。

操盘要点：

（1）价格穿越 450-550 操盘线长期压制。

（2）450-550 操盘线间距接近平行。

（3）450-550 操盘线缓慢下降中成交量不间断放大，此乃机构打压式建仓的重要表现。

（4）价格突破操盘线后回档缩量说明已经控盘，此时为重要的黄金买入机会（图 7-24 中方框内），价格一旦开始上攻，突破必将是凌厉的。

第 10 节
450-550 操盘空间带压制下的操盘

在实战中，我们发现很多个股在进入 450-550 操盘线的空间带后持续震荡整理，随后股价突破 550 操盘线的压制，开始走出主升浪的行情。此类机构行为市场中不在少数，下面我们通过案例为投资者讲述一下该模型的操盘要点。如图 7-25 所示。

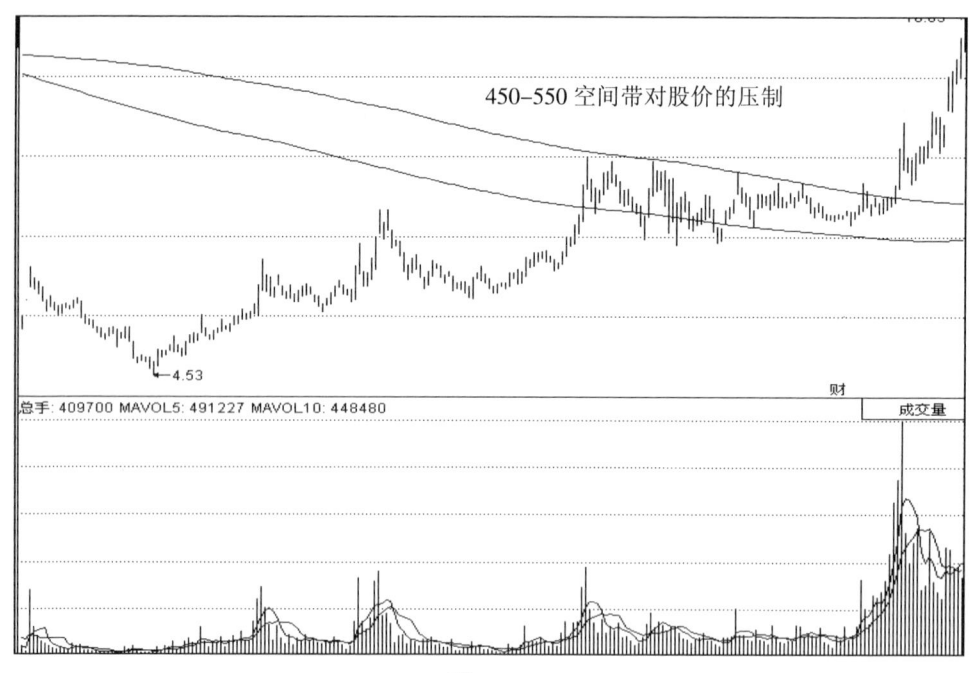

图 7-25

图 7-25 为航天机电的价格走势图，价格不断在 450-550 空间带中徘徊，此时反映的市场现象是价格上有压力下有支撑，压力一方面来源于上方套牢盘的压制，另一方面来源于我们 550 操盘线对价格的阻碍。此时的震荡行为我们该如何应对？从技术上来讲就是看最终价格的突破方向，如果突破了 550 操盘线的压制，则我们完全可以推理此前的整理为机构的加仓行为，我们应该像机构一样加仓买入，坐享主力机构的拉升大利。

操盘要点：

（1）在价格回档缩量触及 450 线时买入。

（2）在价格上升触及 550 线时卖出。

（3）在价格突破 550 缩量回档后买入。

（4）在价格放量突破 550 线后若成交量同步放大，量价齐升，可以重点短线参与。

第 11 节
450-550 操盘线的极限经典操盘

本节我们将 450-550 操盘线的极限经典案例奉献给大家，希望投资者能够通过这些案例的走势图深刻领悟本书在机构行为研究、股价运动逻辑分析以及对市场博弈过程等诸多方面解析的精要，也希望投资者能够从未来的价格图表中发现该类经典极限案例图形，深入领悟并加以科学应用。这样一来，投资者必将会得到超越他人的爆发性收益。投资者也可以就这些图背后的市场内涵领悟《股价暴涨密码》一书的精髓。

S 前锋（600733）极限经典案例（图 7-26）。

锦江投资（600650）超级获利案例（图 7-27）。

上港集团（600018）超级获利案例（图 2-28）。

陆家嘴（600663）超级获利案例（图 7-29）。

外高桥（600648）超级盈利案例（图 7-30）。

豫园商城（60655）超级黑马捕获案例（图 7-31）。

综上所述，在此我们重点讲了 450-550 在实战中的应用案例，投资者可以举一反三，不断研究与创新。就图形的完美来讲，我们推崇双线平行且间距较小的近似于水平状态下的价格突破，历史上著名的超级牛股都诞生于此。发现并寻找到此类价格运动模型就等于找到了黑马，而价格对

450-550操盘线的有效突破是其启动的重要信号，突破之前股价可能长期的蓄势吸筹，也可能采用不间断规律性放大缩小的成交量来震荡式完成建仓。

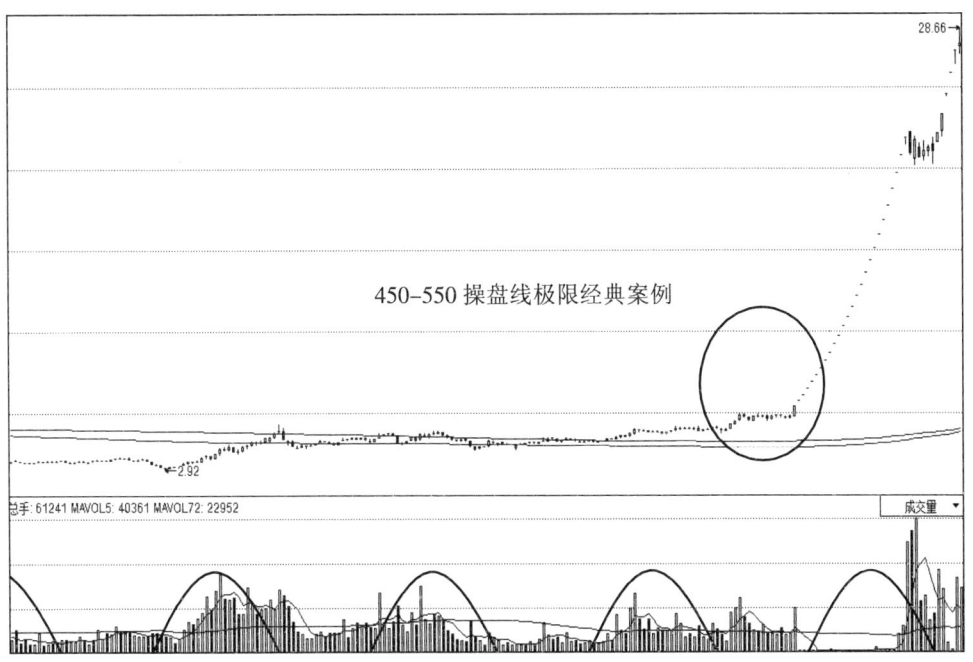

图7-26

不论牛股启动和爆发是基于基本面、消息面，还是所谓的题材，我们坚定地认为，所有的超级牛股都不会脱离利益博弈的格局，我在多年对机构行为的深入研究后提出的450-550操盘线，能够很好地把握主力机构的超级大动作，也能为投资者带来丰厚的投资收益。熟练掌握其精髓和内涵，并加以科学应用，相信它一定会让您如虎添翼，在股票市场上投资时胸有成竹，一路凯歌。

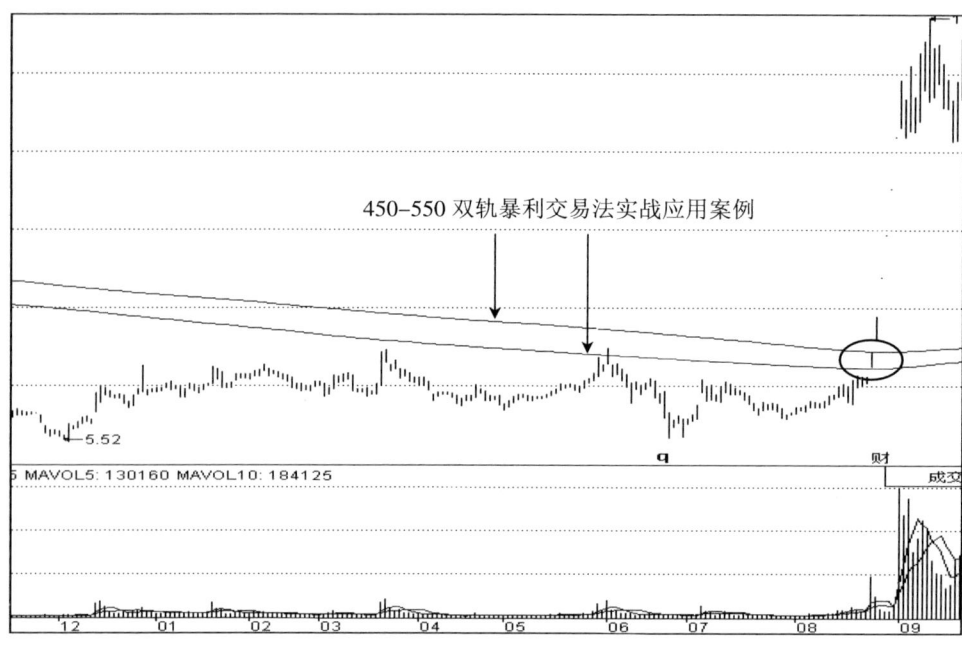

图 7-27

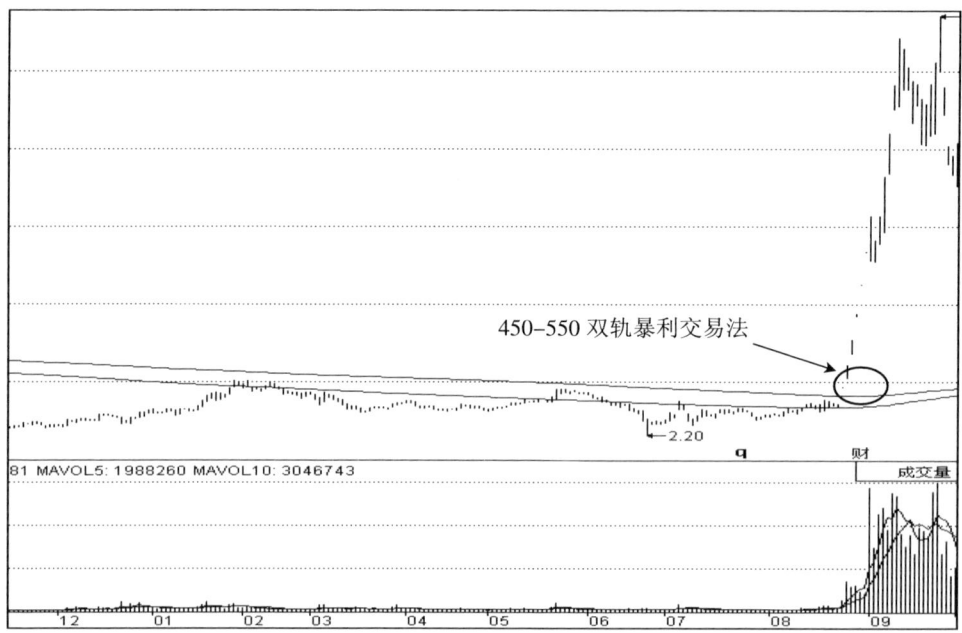

图 7-28

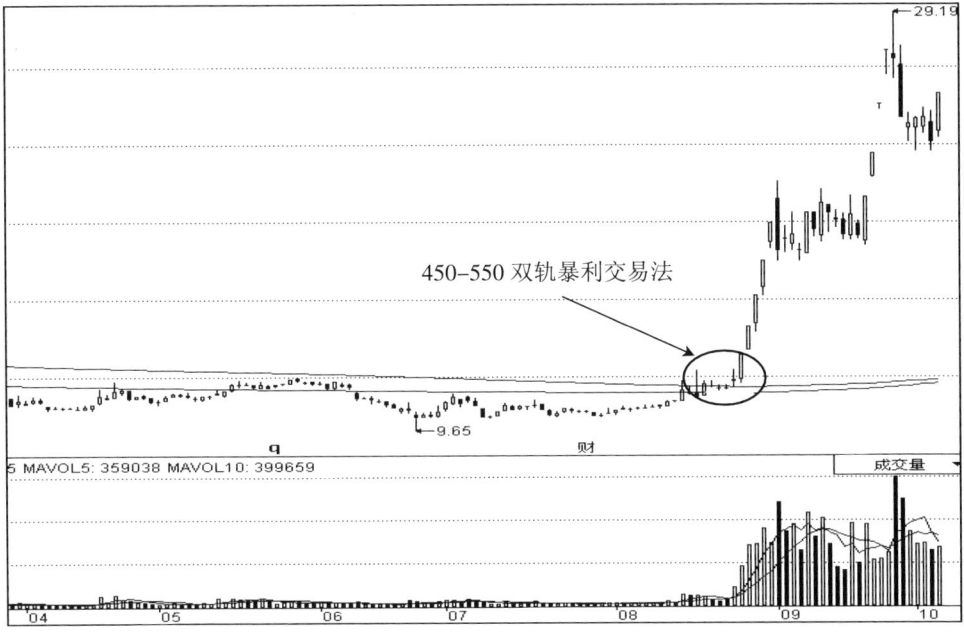

图 7-29

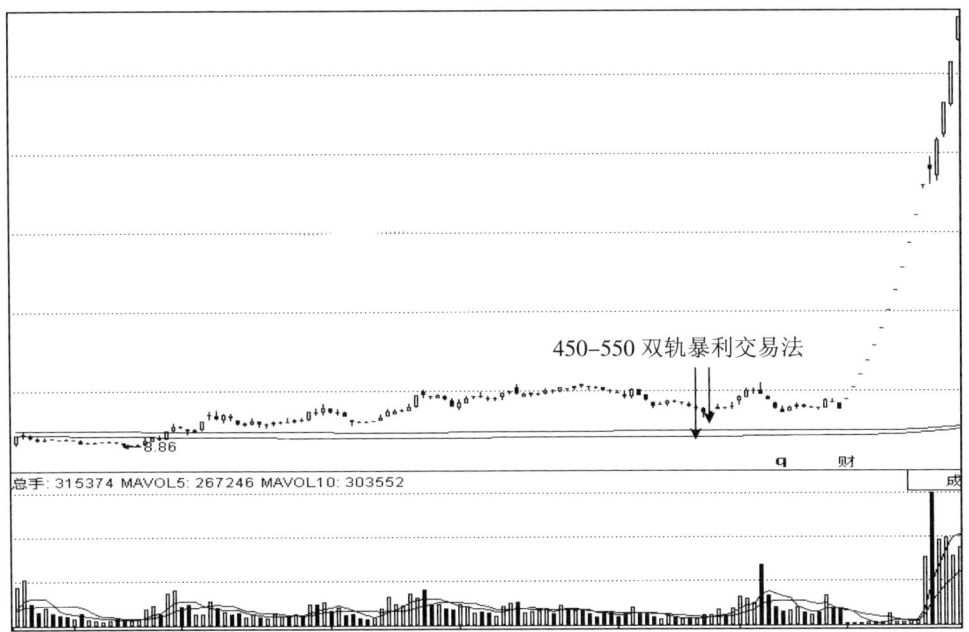

图 7-30

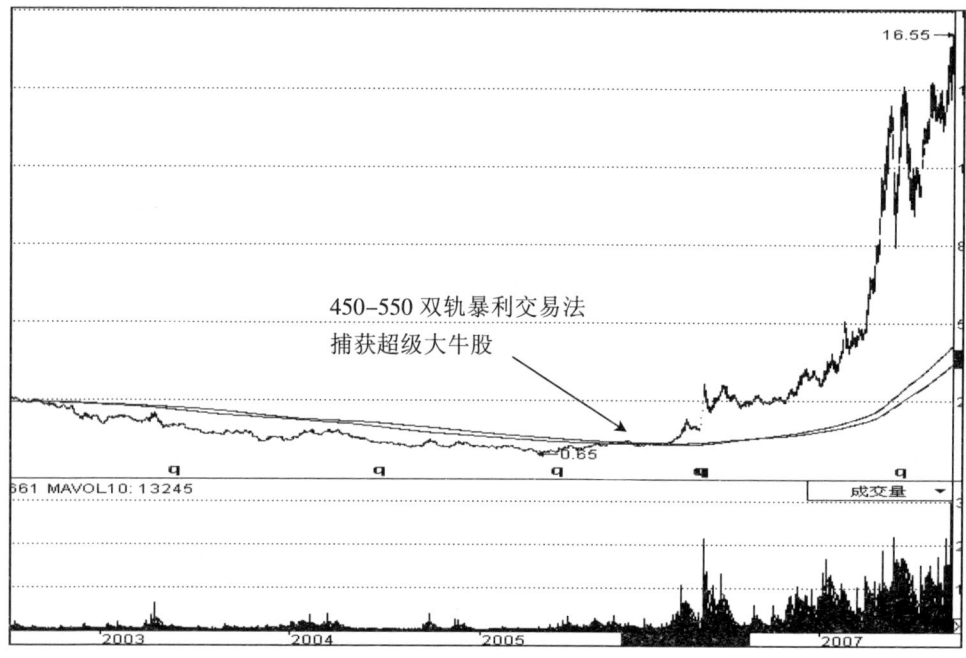

图 7-31

后　记

　　鉴于时间的关系，本书的写作告一段落，回顾整个写作过程，可谓充满兴奋但也充满曲折，兴奋源于我们开创性地发现了450-550操盘线，为投资者提供了指导投资的战略性思想；曲折是我的大部分时间被实战操盘所占据，因此写作不时停顿。但出于广大投资者对这部著作的期待，因此我最终坚持完成了本书的写作，说实话，本人并不打算将多年实战的心血写成书，因为写书确实太累。作为450-550双轨操盘系统的倡导者，就我所知，当前在投资界用到如此之大的双趋势系统的投资者凤毛麟角，因此我希望通过本书能够带给投资者一个全新的投资视野和投资思路，最大限度上升华投资者的传统投资观念和投资技术，以期望能够达到为发展、预测、监控、防范资本市场风险的作用，也为投资者发现超级趋势提供可借鉴的观点。

　　无论投资还是投机，我们需要研究的重点都是主力机构。任何股票只要有机构的超级资金参与，哪怕上市公司业绩平平，甚至处于亏损之中，也将存在重要的投资机会，无数的事实证明了主力需求对市场的巨大影响。因此我们开创性提出450-550操盘线，并用该系统去监控市场中的主力行为，最终达到捕获超级黑马的投资目的。相信投资者只要能够熟练掌握，并科学地应用它，投资必将会得到超额回报。

　　本书中的观点仅代表本人在证券投资学研究上的成果，希望通过本书为我国资本市场的发展贡献一份力量，也期望可以为投资者带去光明。因水平有限，不足之处在所难免，还望投资者提出批评意见。

最后谨以此书献给我的父母、兄弟、姐妹以及每一位亲戚和朋友，感谢你们一路的支持与关怀，祝你们永远健康，永远快乐。

温鹏春

2014 年 6 月于上海